藏式禅修疗法

Awakening the Luminous Mind

丹增旺杰 著

向红笳 译

中国藏学出版社

目　录

前　言

禅修[①]是识认并意识到每一时刻俱生完满的一种方法。它不是培育或发现你不曾拥有的东西，而是要你意识到已拥有的一切。一个人俱生的完满性带来的觉识[②]是纯净的，这种觉识遍及被感知的一切事物中并指导我们所行的一切功业。本书介绍的各种修持法并非要习得一些仪轨或遵从一些复杂的哲学理念，而是要指引你直接感悟人生，达到内心的平静和超脱。

在各种修持法中，我们在本书中能直接感受到

① 禅修，亦称“冥想”。瑜伽里的心性修炼法。在佛教中称为“禅定”或“禅那”。大致分为两种：一是将注意力集中在一处不动，例如集中在身上的脉轮、咒语或身前烛火等；二是心里观想特定的图案景象维持不动（如复杂的坛城图案）、有次序的颜色景象变换及上师的禅明图案等。——译者

② 觉识，由一切感觉形成的直觉及思维活动。亦泛指直觉和意识。——译者

的是达瓦坚赞[①]大师的禅修训诫。达瓦坚赞是生活在公元8世纪的一位藏族苯教[②]大圆满[③]大师，也是我所信奉的象雄耳传法[④]第二十四代大圆满大师。在象雄耳传法中，口头训诫在古代象雄[⑤]师徒间口耳相传了几百年，随后传入藏地。达瓦坚赞教法的藏文名称是“佐钦”（rDzogs-chen），意为“大圆满”或“大圆满禅定”。大圆满的核心观点是：一切有情众生初始都是纯净、完满的，都具有能以利他方式自然示现的潜能。这种传统的表述可能听似有些不可思议，但它只是简单地表明，我们的本性从其初始就是十分纯

① 达瓦坚赞（Zla-ba-rgyal-mtshan），苯教大圆满大师，是弘化身大师（Tapihritsa）的上师。他与囊谢洛波（Nang-zher-lo-po）和象雄王李迷夏（Ligmincha）为同时代人，生活在公元7世纪末至8世纪初（作者提供）。——译者

② 苯教（Bon），世界最古老的宗教之一，发源于古象雄文明，其历史距今4000年左右。它涵盖了藏医、天文、历算、地理、占卜、绘画、因明、哲学、宗教等方面。对藏族地区及其周边地区的民族文化产生过重大的影响。时至今日，它依然深刻地影响着藏民族的精神文化生活。——译者

③ 大圆满（rDzogs-chen），藏文音译“佐钦”。亦称“大圆满法”“大圆胜会”“最极瑜伽”或“大圆满禅定”。大圆满是藏族宗教文化中有别于显密两宗的、自成体系的一个宗教教法。——译者

④ 象雄耳传法（Zhang-zhung-snyan-brgyud），藏文音译“象雄年居”。象雄耳传法师大圆满习惯上修行的最高法门。《象雄年居》亦是最具权威的苯教大圆满教法集《象雄耳传经》的经文名。——译者

⑤ 象雄（Zhang-zhung），古代青藏高原上的一个大的王国，也是雍仲苯的发祥地。古汉文译为“羊同”，近代译为“象雄”，被视为苯教文化之源。——译者

净和完满的。在未受到阻障之前，这种纯净可以以利益他人的方式自如地示现出来。这种能力在我们每个人内心里。它是我们的本性。当我们不承认这种本性时，我们就会受苦，亦会伤及他人。当我们真正认识到我们与生俱来的本性时，我们就能摆脱自身的痛苦。当我们在这种识认中逐渐成熟起来的时候，我们对他人就是极大的宽慰和帮助。

过去，许多大圆满大师既不是知识分子也不是学者，一些大师甚至不会读写，但师徒间的教法传承和这种传承关系带来的温暖与福泽延绵不断，延续至今。在传统上，师傅会给弟子阐述已然是纯净和完满的自心本性[①]。他或她会“指出”或证悟弟子正在形成的一种识认。在接受了这些耳提面命的训诫后，弟子们要闭关静修一段时间，直至他们的圆觉证悟之心稳定下来。而后，要用发自内心的几行心传偈颂[②]表述他们的圆觉证悟。他们会把这个心传

① 自心本性，亦有“本心本性”的说法，如佛教中常有“明自本心，见自本性”之说。——译者

② 偈颂，亦称“偈”“偈句”或“诗偈”。以诗句的形式来表述佛教思想。——译者

偈颂，即他们的修持正果，亲传给下一位弟子。而这位弟子又会默祷修持之直至也获致圆觉证悟。达瓦坚赞的心传偈颂共有五行，被称作“达瓦坚赞五部教法”。这五行偈颂构成了一条简单易行、优雅完满的获致圆觉之路。

境相①即自心

自心即是空

空性②即明光

明光③即和合④

和合即大乐⑤

---

① 境相，虚幻的相状，无实体的相状。——译者

② 空性，万相及自我皆为空，没有任何固有不变的本质。尽管万事万物最终都是空幻，但它们却恒常存在，各具因缘。空性是“终极真理”“法性”和“真如”的同义词。大乘佛教经文中常提到二空、四空、十六空或二十空。——译者

③ 明光（Vod-gsal，prabhasvara），指最精练或最细微的“意”，只有愚钝的“意”不再活跃之时才能得以展示。尽管明光的内在射线存在于芸芸众生之中，但通常只有在死亡之际更愚钝的“意”融入时才能体验到明光。在无上瑜伽部的圆满次第阶段，修持者要学会如何控制体内所有重要的气，如何唤醒停留在心部成为金刚滴露的“明光之意”，从而激起对死亡的体验。——译者

④ 和合，亦称“合一”“相合”或“等合”等，如“轮脉等合”。——译者

⑤ 大乐，亦称“乐”。普遍的绝对的大安乐。指真言密教所标榜的究极的境地。涅槃所具足的四德（常、乐、我、净）之一。指俱生的智慧安乐。——译者

这五行偈颂描述了一条纯觉识之道，能引导我们从无明[1]达至大乐。它们适用于任何境况或任意时刻。在把西藏苯教弘传西方的感召下，我这个年轻僧人第一次离开自己的出生地。临走时，我把这五行偈颂放入口袋。当我要思索匆匆流逝的人生时，我常会坐在一个意大利咖啡馆里默祷这五行偈颂。此时，我身在美国，它们继续指导着我为夫、为父、为师的人生。

在领悟了这五行偈颂的含义并开始禅修它们之后，你就会受到鼓舞去直接、密切地向内心观想，就会发现隐藏于你平凡经历中的那块珍宝。我们常常会向身外观看以求获得帮助、指导或解脱，也会否认自己的感受，因为，我们可能不知道如何去应对它。我们的内心常会充满自我质疑和自我评价。在任何旅途中，当我们因自我质疑和自我评价而产生疏离感或困惑时，重要的是要知道该归向何处。那就是皈依[2]义

① 无明，亦称“痴”。三毒（贪、嗔、痴）之一，是佛教关于人们思想道德观念中应该彻底戒除的卑劣品质之一。——译者

② 皈依，乃佛教徒之基础入门。“皈依”为“皈投”或“依靠”之意，也就是希望投靠三宝（佛、法、僧）的力量而得到保护与解脱。分内皈依和外皈依两类，其差别在于有无皈依三门。——译者

理是最重要的原因。当我们需要帮助时，要知道该如何归向内心。为此，我用了三章（第一章至第三章）的篇幅论述了实现内皈依的方法。

我也愿与你们一道分享一首我亲自撰写的内皈依教言诗。此诗是我指导弟子们的一种形式。它会鼓励你对身、口、意“三门”[①]心怀敬意并尊奉它们为获得疗治的各种机会。我希望，它会激励你去领悟自己俱生的功德[②]。这首诗刊载在本书第二章中和附录上。

一旦在第四章至第八章中看到了内皈依处所[③]，你就会去仔细探究达瓦坚赞五行心传偈颂中的每一行，并学会根据指导性禅修法默祷它们的方法。当你专注自己的真实本体带来的开放的心态、觉识和温暖时，你就会与先行一步的修持者和大师带来的

① 三门（sGo-gsum），指的是身、口、意三门。修三门指的是身修、口修、意修。身修是建立在我们这个血肉之躯（身体）上的修持方法；口修是言谈话语方面的修持；意修是思想意识方面的修持，也是三修的终极境界。——译者

② 功德（Yon-tan），指本领、知识、功能、优点。——译者

③ 皈依处所（rTen），藏文原意为“基础”“据点”。旧译“所依”。凭借、依靠的事物。在佛教中，佛经、佛塔和佛像是佛、法、僧的所依。——译者

福泽建立联系，因为，他们曾通过禅修和自己建立了联系，这与你今天所做的如出一辙。

为了修持这些教法，你无须采取或依赖某一独特的信仰或信念，你需要的只是愿意直接地、赤裸裸地[①]面对你的人生感受。这一理念就是把教法和你正在度过的人生融为一体。无论你处在人生的哪个位置或哪个特定阶段，也无论你身处何方，我都愿把这些教法传授于你，并希望你能获致圆觉证悟，并把你感到的各种局限变成礼物。这是我的祈祷。无论你一生中做了些什么，如果你的功业与你内心的开放之源是联系在一起的，那么，结果必是益处良多，因为，只有当我们与我们内心的智慧和光明之源失去联系时，我们才会受苦受难并殃及他人。

愿你能发现你自己的本然心[②]宝库并获得可以丰富人生的众多益处，愿你能感受这一教法传承的福泽。当你允许达瓦坚赞教法走进你的内心时，这些

① 文中多次出现英文“naked”或“nakedly”，因有“赤裸觉识”的说法，故直译为“赤裸”或“赤裸裸地”。——译者

② 本然心，亦称“平常心”，佛学名词。处于本身自然状态中心，超越所有概念的限制。——译者

福泽就会帮助你实现更深层的个人疗治。愿你修成的正果日臻成熟，能滋育你和无数众生。

丹增旺杰仁波切

2011 年 10 月

引　言

本书介绍的禅修之道并非仅仅涉及习得一些技巧和概念的问题。毕竟，我们都是思维活跃的热心人而非机械物件。因此，为了让有情众生逐步发展和成熟，在感到困惑或遭遇困境时，我们需要明白该归向何处。在苯教中，我们通过寻求“内皈依”来获得这种帮助。皈依不是一种含混不清的抽象概念，也不是请求帮助。它是通过各种非常具体的方法让注意力集中以帮助我们。当我们注意力集中时，我们的发现和随之而来的好处是显而易见的。

我们在感到困惑时通常会做些什么呢？我们会否认自己的困惑并竭力摆脱或逃避之。由于反复思忖并迷失其中，我们放大了自己的困惑。或者，由于分心，我们切断和我们困惑的联系。最典型的是，我们会向身外看以寻求某种慰藉、支持或指导。但靠向外看是不可能找到我们真正想要找的东西。我们可能会认为，我们已在外边找到了某种东西，但它是暂时的，最终，我们会失去已经找到的东西。或我们会时时担心失去它。归根结底，任何外在的帮助都不会是疗治我们痛苦的最佳良药。欲想寻得治病良药，我们就必须归向内心。归向内心并非意味着要改变自己的主张、挑战自己的想法或调整自己的情绪。它意味着，要归向内心以在我们已有的本体中寻求帮助。

当你感到压力或遭遇挑战时，要把注意力引向内心。通常，你的注意力并没有直指内心，而是固定正在向你挑战的事情上。你会有下面的一些想法：“我身体不太好……我很担心这种变化……那个家伙令我心烦意乱。”你的注意力与你本人分开了，而集中在“一个问题”上，这个问题可能是一个人，也可能是一种境况。你的想法徘徊不定，竭力要去解决这个问题或抱怨那种境况或那个人。可能，你同时也转移了自己的注意力，在考虑其他事情，因为，你的问题压倒了一切。或许，你让自己去适应这种境况，认为坦然接受是明智的、高尚的或成熟的。无论这些办法多么富有创造性或深奥微妙，你都是在强化那个身份，即自己是个受苦的人。我把这种本体称作“痛苦本体”。

无论多么熟悉痛苦本体，它都不是你的真实的本体。

内皈依是对你自己本性的认知。根据这些教法的说法，你的本性是内心的开放和清净的空性。这就是你真实本体的本性：开放和清净。这种本性常被称作本然心。本然心是可以直接感知的，而游移的、求解问题之心是无法感知的。只有纯觉识才能领悟它。开放的心态带来的觉识是一切疗治之源，也是创造力、喜、爱、慈悲[①]和其他一切功德的源泉。

为了寻得这个内心之源（内皈依处所），必须把注意力从对一个问题的认识转向对“存在”的觉识上。本书提供了一些具体指导，指导你如何做到这一点，如何在幻惑中识认真实的东西。它会指导你把觉识带入日常生活的一般感受中，因为，这些感受看似受到约束和限制，但它们能成为感受无限可能性的神奇途径。这不关乎这种或那种禅修技巧的问题，尽管的确存在着许多能够帮助你的有用巧妙的技巧。与技

① 慈悲（maitri），佛、菩萨对众生平等如一的深切关怀。慈是把快乐给予众生，悲是拔除众生的苦恼。两者结合起来的慈悲心愿，称慈悲心。慈悲与怜悯是佛教主张的最基本的道德观念，是愿人得乐的慈心或愿人离苦的悲心。——译者

巧相比，重要的是你与你自己的关系。改变你的人生就是要专注一些你内心从未充分专注的地方，要领悟一些你可能从未充分理解或信任的事情。在不断发现自我的一生中，你识认并尊重“存在之空间”（你是谁的真谛）了吗？你内心的空间不是任何事都不会发生的被动之地。整个宇宙都生成、安住并消失在那个空间。你身体上的一切也都生成、安住和消失在那个空间。当然，我们都相信，确有一种更深邃的慧性在起作用，它超越了有着各种计划和建议的自我智慧。各种解决办法会自然来自与存在的开放空间的联系，这个空间性是无限的，充满了无限潜能。

如果你能遵从本书的指导原则进行修持，那么，当你识认并专注正在充分展示的空性时，指导性、创造性和智慧都将会自然生成。你会看到日常生活中正在发生的各种变化。要相信那种空性就是本源。领悟这一点并不是一种被动的感受，它充满生机活力并能与他人分享。当你逐渐领悟到与每时无限可能性的联系带来的生机活力时，你就会产生俱生的价值感和丰富感。你的功业会自然生成于联系带来的温暖，也会给自己和他人带来各种好处和福泽。

通过“三门”以求皈依

第一章　通过“三门”以求皈依

我们的一般经历都会给我们三次机会，以改变我们的人生，获得内心平和、喜乐并摆脱我们都希望摆脱的痛苦。由于我们的惑是通过我们的身、口、意表现出来的，因此，这三处也就给了各种消惑的机会。身、口、意被称作三门。采用一些具体方法就能把我们专注力从表达痛苦转移到消除痛苦上，于是，我们就可进入身、口、意三门去发现空性、觉识和温暖带来的礼物。

你将会学到转移专注力的三种方法。当专注力指向苦身时，你要按照修持指导去感受身体的“静止”。当专注力指向苦口时，你要专注聆听“寂静”。当你把专注力转向苦意（或游移的自心）时，对你的指导就是要识认并专注“空寂”。用这些方法就有可能发现一个静止、寂静、空寂的深邃之处。身、口、意三门可以引领你进入得到庇护、获得皈依的一些重要之地。

很多人认为，意识到“存在本身的空间”要难于意识到他们本人此时的感受、正在进行的内心对话或游移的心本性所思的内容。我们在描述哪一种转变呢？首先，有必要意识到并感受你的不安。你能像天空与云共处那样彻底地接纳吗？在这个比喻中，云可能是指你的想法、感觉、心情或记忆。天空与云相处会有问题吗？天空被激怒了吗？天空会说：“你已在这里待了这么久！为什么你还在这里？你在这里是什么意思？”天空不会这样说。天空只是听任云的出现。当云最终消散时，天空不予置评。当云离散时，天空也不会感到孤独。你能“像”那个天空一样悦纳云吗？如果你能直接地与自己的痛苦共处，那么，痛苦就会自治自愈（自我解脱）。当你的痛苦或不安转移时，重要的是要全情投入并意识到空性本身。

每个人的修法之道都是独一无二的。当受限和痛苦的感觉出现在身、口、意时，每个人都须心甘情愿地直接感受之，并了解如何归向内皈依处以发现由此生成的积极好处。重要的是要承认我们对自我，即游移的、问题求解的自心的过度关注。我们必须承认自我本身就是一个痛苦本体。我们经常进行痛苦与痛苦的对话，这通常会引导我们或驱使我们，有时甚至会把我们逼疯。无论自我多么聪明或精明老道，它都不过运行在痛苦的逻辑之中，因而会造成更多的痛苦。或许，到了发现比自我更值得归向和信任的东西的时候了。

我们每个人都想治愈个人、家庭和社会的痛苦，因此，我们需要承认阻障我们本性、阻碍我们和与俱生智慧和能力之全面联系的一些惯性反应。我把对人生挑战的惯性反应称作“苦身”。我使用“身”这个词不仅是指有紧张感、疼痛感、收缩感和疾病的肉身，也指我们的认同感，即我们对“我”的概念。在苯教教法中，这种认同被称作“羯磨[①]分别[②]苦身”。这种苦身是你感觉到的本体与在特定时刻你认定的本体。

① 羯磨（Karma），梵文音译。亦称“业”“业力”或“功业”。行为之意，通常分身、口、意三方面。由身、口、意三者而来的或善或恶的行为，可感召后来的果报。——译者

② 分别，区别，对事物起种种相对性的区别，而执取这些区别，以之为自性。——译者

把专注力引向人生遭遇痛苦和挑战的时刻十分有用，因为，苦身在这些时刻尤为明显。当我们在紧张时刻做出的反应时，“羯磨分别苦身”就被激活。但这个“我”的概念（这个“我”）是一个有关自我的彻头彻尾的伪概念。或许，你已经听到你自己不停地在说:“我过得十分艰难。我和妻子分手了。我很难与老板相处。我越来越老了。我生病了。”我，我，我。那个“我”是谁呢？真的是你吗？显然是的。那就是你相信的东西。在特别痛苦的时候，你可能完全相信那种身份本体。而相信自己的本体恰恰就是最大的问题。

这个“我”的概念造成了清晰表达出疏离之苦的苦口。这种苦有时宛如在胸、在喉和呼吸时出现的焦躁不安、向上的拥塞之感。这种苦常会外显于语言上，内显为一种内心对话。它既可简单地如一声叹息，又可繁复如惯性的、消极的自语。这种自语会贯穿于我们的睡眠和清醒时间，而在强化我们的痛苦本体时，它所造成的伤害经常难以得到认识。

我们普通百姓都是讲故事的人。苦意就是自我的想象，是各种想法和映像编构出来的故事，这些想法和映像显得很睿智，但它们并不承认与我们重要本性基本脱离这一真谛。我们的故事能够令人愉悦、逗人发笑，也会使人感到震惊和恐慌。但我们不是我们的故事。不管讲故事的人多么聪明或精明老道，苦意都无法让我们摆脱我们感受到的痛苦。

怎么才能“真正”摆脱痛苦呢？当你隐约感到你比想象的或感觉到的更为强大的时候，那就是疗治的开始。此时，“我”这个伪概念开始失去了它的控制。通过修持，要注意到，要把专注力引向对存在本身的感觉而不是一个特定的瞬间反应，这样就能促进固化自我的这种消失。在“我”这个伪概念开始消失时，你就会开始产生不同的感觉。如果你信任那个打开的空间，你就会得到比自我反应更深层的帮助。这个更深层的帮助就是内皈依，是对你的保护。

我们的伪自我会认为：“这个不好。那个人对我伤害太大了。这是我无法接受的。”或是认为：“我必须反击一下。我得要要手腕。我要占上风。”那个“我”是谁？我们都希望清晰地知道谁是受害者，谁是获胜者。但那种认识、那种自我和那些声音都是我们需要避开的，因为，我们在因这个“我”而受苦。该如何专注比“我”更大的东西呢？不要靠与那个“我”进行对话来专注比“我”更大的东西。不要靠与“我”进行商议来专注比“我”更大的东西。不要试图改进它、摧毁它或忽略它，要以感受此时你感受到的东西作为开始。你感到困窘、痴惑、恼怒或有任何一种反应的时候就是可以让你发现你不是那种反应的一个机会。

为了利用我们的人生挑战让其成为疗治和积极发展的途径，我们需要发现可归向之处。要归向静止、归向寂静、归向空寂。要让你的反应出现在这三个地方。不要以任何方式去抗拒、反击或否认它，要让它出现。同时，不要让它影响你的静止、寂静和空寂。如果审视一下自己的感受，你常会发现，由于恐惧，在这一时刻你不会让痛苦简单如常。由于我们对痛苦和易于受到的伤害感到恐惧，我们就会竭力去应对和处理。我把正在应对和处理这种境况的自我称作“聪明的自我”。尽管在特定境况中，聪明的自我就是我们自身的某个方面，这似乎令人感到一些心安，但它并不是希望摆脱伪本体、终结痛苦的那个自我。你认为聪明的声音就是解决办法，那是一个错误的观点，由于极易相信伪自我，因此，在静止、寂静和空寂中求得内皈依尤其重要。

如前言提到的那样，苯教大圆满教法告诉我们，我们的本然心是纯净、完满的，可以自发生成慈、悲、喜、舍[①]等功德。我们无须直接培育这些功德，也无须努力去创造它们，因为，它们是自然生成的。那就是为什么“识认”本然心是内皈依的原因，也是为什么它是本书中各种修持法的目的。通过感受身静、口寂和意空（三门），我们可以获至内皈依。

本然心带来的内皈依既不是一种信仰，也不是一个概念。这种感受是无形、无色、无释义、无定位的，也不是任何宗教和哲学的产物。识认本然心后，我们就能离苦，无法识认本然心，我们就要继续受苦。识认本然心后，我们就能消除分歧、消释对立的情绪和想法并能除惑消苦。在识认我们的本然心后，在对这种内心之源的识认中获得稳性并达

① 慈、悲、喜、舍，称“四梵住”或“四无量心”，是《阿含经》到大乘诸经中反复倡导的精神。慈、悲、喜、舍的无限扩大、无限深化为大慈、大悲、大喜、大舍。——译者

至成熟时，我们就把这种得道称作圆满。我们这些凡夫俗子都有一个令人难以置信的宝库，即我们内心的慧性之处。但我们已经和我们内心的那个皈依处所没有了接触。

以身静获得内皈依

如何通过身门获得内皈依呢？当你感到愤怒或沮丧时，如何在自己的内心找到那个静止之处呢？首先，不要移动身体，让身体安稳下来。要让你的痛苦吸出来。其次，不要消极地关注或担忧自己的身体。重要的是要把正确的专注力引向身体。要静止不动，把专注力集中在静止上。那就是你的法门。要朝这种静止的更深层处走去。十分钟内你就可能达至内心的一个深邃之处。在归达静止之处后，就会产生一种自然的膨胀感或空寂感。你意识到的这种存在感（空寂感）是不灭的。不要皈依可毁灭或可变之物上。要皈依不变之物。那种皈依就是存在带来的空寂。即便你只是隐约感到了它，那种隐约感觉足以让你开始产生信任。信任内皈依处所非常重要。一旦你达至深邃的静止之处，你就会产生一种彻底的保护感。因此，身体就是获得内皈依的一扇门。

有时，我们与自己的本性失去了接触，陷入了我们看待、感受的方法及我们拥有之物。当然，身体十分重要，需要得到关注，因为，它是感受自己本性的一扇门。通过身体可以进入一个深邃的静止之地，这会使你感悟慧性。最终，我们能够感觉到内心的静止就是体内觉识的细微流动。西藏瑜伽修持的目的就是要帮助这种觉识的细微流动（有关西藏瑜伽的更多资料，可参阅本人的著作《开悟空性身》，海豪斯出版社，2011 年）。

当我们通过身体并在体内有所感知时，我们就会发现那个内身，你也可称之为“法身[①]”。这就是开悟了法身。你会感受到本根、存在和自我，这些都是凡俗之身及它的各种变化境相所无法感受的。你会感到存在，这种感觉会超越无明和自我带来的

① 法身，即自性身，就是成就佛法的身体，这身体不以武力而言，而是精神意义。——译者

二元[①]恐惧。以一种简单的方式与这个深邃之地建立联系，并通过静止加以专注，这样，你就能超越一切。这并不复杂。如果你能感受到这一点，那就是你所能做的最令人激动的事情。在面临一次难以置信的挑战或感到痛苦时，你会立刻移至一个完全静谧的地方，它是一种强有力的感受，是极有价值、绝对必要的。那就是我们通过身静获得皈依以寻求保护的方法。

以口寂获得内皈依

如何通过口门求得内皈依呢？苦身有自己的话语，也有自己的声音。避开某些人、调换工作和离婚并非难事，但要避开内心的批评之声却是很难的。即便你在悠闲度假，苦口也会如影随形。你到海滩去，苦口就在那里。你登山呼吸新鲜空气，内心对话依然进行。如何能够战胜你的内心批评者呢？说

① 二元，亦称“二元论”。二元论把世界或现象、概念的某个领域分为两个或两类不能相互转化的元素的一种理论。认为客观的现实是借主观的观念、表象、映像或感觉材料来认识的一种认识理论。在佛教中常用“不二”(non-dual)这一佛教用语。其意为：一实之理，如如平等，而无彼此之别，谓之不二。——译者

得再多，甚至进行更为“明智”的交谈都无济于事，而这正是我们经常尝试去做的事情。

你可能会说：“我没有债务问题。我不必去想这个问题。我忙于工作。我过着积极的社会生活。”但在凌晨三点钟醒来时，你开始思考自己的债务，那是思考债务的最好时候吗？当然不是，但你躺在床上辗转反侧，难以入眠，因为，你在和自己对话。这种对话异常喧杂。于是，你和自己内心的声音商量，得到了暂时的心境平和。你寻找平静下来的各种理由。你找到了感觉良好的各种理由。如果你想为平静和安宁寻找理由的话，你完全能够找到。但这不是解决内心不安的办法，因为，无论你的推理多么缜密，它都是苦口的一部分。

那么，你能做些什么呢？要集中专注力并倾听寂静。假如你的声音持续不断，要让声音发出来，并感受声音四周的空性和寂静，而不是去倾听它们，并试图与它们商量。要在声音中和声音四周感受寂静，不要试图在无声中寻求寂静。无须避开噪音以求寂静，要在噪音中求得寂静。要开始听到寂静。它就在那里，始终存在。你能够发现它。从根本上来说，既不要否认你内心的声音，也不要邀约它们出现。你要彻底地放开。放开是关键。如天空悦纳云一般，寂静也悦纳一切声音，无论它们是来自内部还是来自外部。

我认识的一个人在一块美丽的土地上购买了一栋房子，这似乎是一个静谧之地，但噪音令他心绪不宁。他对我说："你能相信吗？我付了所有这些钱就是希望求得平静和安宁，但我总能听到公路传来的噪音！"他想要控告向他出售房屋的房地产经纪人，因为，该房被列为静房。对他而言，那就意味着不该听到任何噪音。他刚一入住就开始留心倾听噪音，处心积虑地想法听到噪音。这难道不是我们经常干的事吗？我们留心倾听噪音，但我们可曾听到自己内心的寂静？此刻，如果你去倾听，你就能听到寂静。如果你听到那种寂静，你就会发现更多的寂静。你听到寂静的那一刻，你内心的声音之力就会减弱。但如果你厌恶自己的想法和内心对话，那么它们就永远不会消失。因此，第二扇门（口门）异常重要。当你听到寂静时，你就能悦纳喋喋不休的自心。当你无须评判或解读就能悦纳时，你内心的声音之力就会消失。

以意空获得内皈依

皈依的第三方面与意有关。身、口、意之义理相互关联，但以意为主。想一下你的自我感觉吧。你大概知道自己的身份。我不是在谈论“我是一名教授”或“我是一位母亲”这种强音。让我们看看“凌晨三点”的那个声音吧！在那个时候，教授或母亲正在酣睡，还有一个人也在那里。会有一种不知自己是谁但能断定你是某人的一种感觉。这种断定之声就是自我。它更加积极活跃，因此不难发现。如果你遇到某个人，与他交谈十分钟后，你就会清楚地明白他们认为自己是谁。那不是兴趣所在。更为有趣的是，他们不知道他们自己是谁。对自我缺乏了解是一种随处可见的愚钝，被称作“无明”。在此时此刻，我了解我自己吗？抑或这种不了解也会出现在我的身上吗？你可能会说：“你那么说是什么意思？我能明白你在说什么，但是……”那是一种声音。但那种声音之外还有一种不明就里的感觉，并不是不明白我说的意思，我说的是根本的不了解，对自己一无所知。这种无知的感觉会弥散在意、口和各种有为[①]出现的一切上。你还不了解什么呢？你不了解你自己。一首专门给某人的上师[②]唱颂的传统苯教祷文说："愿保佑我能用自己的双眼识认自己的真容。"一些人可能认为，"真容"是指他们实际的面容，但这并非祷文所指。"真容"不是指外貌或体型。在体育馆里，人们颇有兴趣地欣赏自己的体型、面容和肌肉。那里有多少面镜子？你家中有多少面镜子？你正在看什么？你在看自己的面容、发型和身体。如果你能在镜中看到并识认自己真实的本体岂不更好吗？

每当我们心存疑虑、缺少信心或失去方向感时，我们都会深感不安。那些就是我们面临挑战的时刻。我们能做些什么呢？我建议服用我称作"空寂"的药。如何服用"空寂"之药呢？如前所述，把专注力引向内心，不要引向身体或声音，而要引向自心本身。不必归向静止或寂静，要尽量地感受空寂。

① 有为，被制作出来的东西，由因与缘和合而展现出来的现象，因而亦是生灭变化的东西。——译者

② 上师，总摄法、报、化三身为一体的各人自己的根本师。——译者

为什么这很重要呢？自心本性是非常宽敞广阔的。苯教的根本教法描述的自心本性是清净、发光的。你感受到的一切痛苦、痴惑和纠结恰恰是因为你没有识认自心的真正特质。

在静止不动、沉默不语时，你会比较容易地闭上双眼并把专注力引向你的自心。你能在无知的感觉四周和其中感受空性。你能在那种无明中发现觉识，你能在那种黑暗中辨识光明。不必竭力摆脱无明并获致觉识，你正在那种无明中获致觉识。不必费尽心力想方设法摆脱那种无明。努力正在变得毫无效力。过去没有意识到的自心现在已意识到那种状态、那个本根。感受到它的那一时刻，你就会感受到令人难以置信的保护。你会产生一种安全感、一种平和感和一种平衡感。皈依的概念就是要真切地感受得到了保护。因此，获得内皈依的第三扇门就是意门，是通过空寂可以进入的那扇门。

让我们从一个不同的角度来探讨一下空寂，例如我们感到愤怒时。愤怒爆发时会十分激烈。你会在身体、能量（也称作“气”，藏文“rLung”[①]）或自心感到那股怒气。在愤怒时，空寂不会存在。如果你在生某人的气，你就会集中在那个人的所作所为或所言所语上。你的专注力外在化了。你甚至可能与那个人毫无关系，而是与那个人的所作所为有关。你感觉受到了伤害，愤怒感觉就像是你的力量和对你的保护，愤怒成了你摆脱那个问题的一种尝试。

在此时刻，最重要的是要通过意门达至皈依。你该做些什么呢？要把专注力引向内心。要闭上双眼，向内观想。要感到身体的紧张感并专注呼吸。要集中在你的呼吸上，要强调呼出。要坚持这么做五分钟或十分钟。当你逐渐感到更加舒适时，要直接地观想愤怒，而不要透过各种想法和主张的透镜进行观想。要无分别心[②]地把开放的专注力引向那个愤怒。要在空寂中悦纳那种感受。当你以这种方式直接观想愤怒时，愤怒就无法保持下去，愤怒就会

① 气（rLung），藏文音译“隆”。一种流动的、由体、风大种与空界所成、遍于全身、具备六性的物质。——译者

② 分别心（rTog-pa），佛教用语。判为有分别与无分别之心，即觉知声境可以和合之执著心。佛教认为，人世间的一切烦恼和痛苦都来源于人的分别心。——译者

消失。但倘若你用另一种形式的愤怒（一种失望的心情或一种评判的自心）去观想愤怒的话，愤怒就不会消失。重要的是要直接地观察愤怒，要在空寂中悦纳对愤怒的感受，而无须进行深入的思悟。

很多时候，当我指导人们直接观察愤怒时，他们会说愤怒得更厉害了。那就是在告诉我，他们并没有直接地或赤裸裸地进行观察。他们不是以开放的觉识进行观察。相反，他们正在以另一种形式的愤怒，或许是一种更加微妙的形式在观察愤怒。那个评判的自心正在观想愤怒，它更为细腻，似乎比愤怒的自心更加聪明。它会让你相信，愤怒是一种解决办法。你可能会认为，你的评判就是觉识，但非也。你是通过评判的眼光而不是以赤裸觉识的眼光在观想。你会问："我怎能知道我是以正确的还是错误的眼光在观想呢？我怎能知道我观察的对与错呢？"了悟这一点的办法就是静观其效。如果你更加气愤或感到更加无望的话，你就是在以错误的眼光进行观想。如果用正确眼光直接、赤裸裸地进行观想的话，愤怒会在瞬间失去其说服力和凝定性。静止、寂静和空寂之药的药力很强，用不了多久就会消除一种惑障，即一种障蔽开放觉识的不良情绪。如果你能在特定时刻用正确的眼光进行观想，那很快就会发现一个清净、开阔的自心。对我们而言，就是要花点时间去了解这种看问题的方法，要在内皈依带来的空间里悦纳自己的感受并信任这种皈依。

假如一束光被引入一间昏暗的房间，光是不会在意房间已黑暗了多久。光也不会评论说：“这里暗了这么长时间，要花上整个周末才能让它亮起来。”光也真的不会说：“似乎是在近期才暗起来的。我得快点让它亮起来。”光（或觉识）是瞬时的。它会在瞬间消暗除障。对光的渴望无济于事，对光的期盼也不会缩短光的旅程，但倘若有人告诉你或指出，你走的方向对错与否都会对你有所帮助。

让我们探讨一下我们该如何进行观察，探讨一下当我们只说“开放的觉识”时，我们是在谈论哪一种觉识。例如：我在观赏一朵花，我会与自己的感受同在。我不会对花有任何说法，不会说花的颜色太红或花还不够娇艳。我只是不加评判地感受那朵花。当我以这种方式继续感受这朵花时，花的周围就会出现生机活力。当观想者没有介入思悟、游移和解读式的自心时，他或她在那一时刻就能赤裸裸地直接感知并发现这一时刻的完满或圆满。这就是“身处”皈依处所的一种感受。当你专注静止、寂静和空寂时，你能直接生动地感受你感知的任何东西，因为，评判或游移的自心尚未占据那个空性。

我举一个有关觉识的好例子。这个例子是大部分家长在日常生活中十分熟悉的一种感受。它是以一个熟睡的孩子为例的。当你观察自己的小孩酣睡时，他（她）最美丽漂亮。酣睡的孩子姿态随意、放松地躺在那里。在你凝视他（她）的那一刻，他一动不动。我们都喜欢孩子静止不动的那一刻！他们轻微的呼吸声恬静、甜美。我们喜欢这一刻四周的寂静，因为，他们一开口说话就会说个不停。而此刻如此寂寥，你会看到孩子浑身发光。他（她）可爱至极，你几乎想把他（她）唤醒！

对于父母的真正挑战是孩子醒来、不再静止不动、沉默不语的时候，那一刻也肯定不会那般寂寥。在这些时候，你能走进内心的同一个空间（你曾在那里看到过孩子的纯然无暇）中吗？在他们的喧闹声中，你能回归内心并专注在那个酣睡孩子四周你曾感受到寂静吗？你能“成为”那种寂静并从那个地方感受你的孩子吗？或许，你的孩子因动作和噪音而变得疯狂，但他（她）是你看到的那同一个酣睡的孩子。那就是美。在这个疯狂、喧闹、多动的孩子身上你看到了完满，这种完满在酣睡的孩子身上如此明显，因为，以前如此明显的静止、寂静和空寂现在依然在你的内心出现。那就是证觉，是大证觉投射出的一种小小的证觉。你可能病入膏肓或行将就木，但静止依然存在。无论你周围发生什么都不会让你产生动摇，因为，你已经识认了静止、寂静和空寂。

尽管你会遇到人生挑战，但当你继续归向皈依处所并越来越了解空寂、觉识和皈依带来的温暖时，你就会把“你自己”的一种感受视为一种皈依。这就是在本质上你是谁，你会逐渐感到一切美好如常。在苯教中，这就是大圆满法的精髓，这些就是最高教法。此时此刻一切都是完满的。任何东西都没有缺失。你会隐约看到、体悟到并感受到它。在你体悟到它的时候，你就会承认自己感觉良好。在面对变化，甚至面对你最担心的变化（失去挚爱亲朋或面对死亡）时，这都会使你感觉良好。在皈依处所，你感觉得到了帮助，不会产生动摇。身外之物不再是个大问题。如果有需要舍弃的东西，就要舍弃。如果这是需要宽宥他人的时候，要做到彻底地宽宥他人，因为，你非常地慷慨大度。如果这是濒临死亡的时刻，你已做好了准备。这种力量来自何方？来自内心的皈依。在存在的无限空间里，既无恐惧也无过失。那个空间是充盈、完整和完满的。

由于我们要面对人生挑战，这就会激励我们进入皈依处所。我们的挑战会成为让我们专注存在之源的一个机会。一旦身处皈依带来的治疗空间里，即便会产生难以释怀的情绪和感情，它们都会自行消失。这些情绪会出现，但不会让你产生动摇。它们会自行消失，因为，你控制了那个空间。你“就是”那个空间，那个实相。实相永远不会受到虚幻之物的影响。实相永远不会被摧毁。

对我们而言，最具挑战性的一件事就是要相信存在带来的内心空间。我们通常会通过外在形式想到保护。我们靠积攒钱财获取完全感。我们靠囤积武器获得力量免受敌意。然而，无论我们为获得安全感而创造和积累什么都是无济于事的，因为，这并没有触及我们潜在的不安感。我们需要找到某种解决办法。最终，我们不得不舍弃我们创造或拥有的一切，不得不舍弃我们认为能够确保我们幸福的一切。当我们面对死亡时，无论此世今生我们积攒了什么都是于事无补。在死亡降临的那一刻，最真实的皈依就是去发现存在的内心空间。

在苯教和佛教中，我们有以佛陀形式获致圆满的实例；有指引我们走上法道的上师；有可以澄惑除障的经文和教法；有能够帮助和激励我们的同修者。四皈依（皈依上师、皈依佛、皈依法和皈依僧）被称作外皈依。尽管外皈依十分重要，但它们真正的意义在于它们指出并代表了内明（内皈依）。

没有多少人会稍事停歇以发现静止，几乎也无人会去倾听寂静，而识认空性之真谛者更是寥寥无几。然而，识认内皈依并从对内皈依的感受中获益是多么简单！你不必阅读大量有关空性的书籍，也不必进行哲学上的探讨，只需把专注力引向内心。当你与被引向内心的专注力一起停下来的时候，你可能会开始在头脑中听到很多声音。你会想："我需要寂静。”好吧，那就不要回应看似一直在进行的内心对话。要开始倾听那些声音四周和其中的寂静。要意识到空间。或许，你正产生一个极为强烈的积极想法。“我没有感到任何空间！”打住，不要再往下想了。要感受那种想法四周和其中的空间。在专注空间的那一刻，那个想法就会消失。在听到寂静的那一刻，那个声音就会消失。在专注身体静止的那一刻，紧张感就会开始消失。

你会感到内心出现了一些东西。当感觉、想法、情绪或记忆进入觉识时，当你注意到它们在你内心生成时，要听任它们出现。出现的一切最终都会消失。在开放空间里生成的一切也会在那个空间中消失。那就是空间被称作内皈依的原因。你还要去其他地方吗？不需要。你还需要带着笔记本电脑或手机、记住内皈依处所的地址和电话号码吗？都不需要。你已拥有了所需的一切：你的身、口、意就是通过感受静止、寂静和空寂进入内皈依处所的大门。

一切功德之源

爱与喜乐这样的功德、关爱他人的善业或创造力及富有成效是如何生成的呢？在人的一生中，富有成效非常重要。很难想象支付高薪只让你一天八小时处于静止、寂静和空寂的状态中。根据苯教教义的说法，存在的空间是无限丰富的。它是功德之源，能够示现这些福报的功业是有益的。当你开始识认并信任空间时，你会感到内心之源的无限潜能。为了能识认空间，你的专注力必须以正确的方式加以引导。不要迷失在那个开放的空间里，要意识到那个空间。同样，不要迷失在自己的痛苦里，要意识到自己的痛苦。你的空间觉识是能够示现一切良药和功德的最大的源泉。大圆满教法并不过分注重“培育”那些功德，它的训诫是，要直接走向这一源泉（空间本身）并发现业已存在的福德。如果你如此去做，你就会轻易地感受到爱。在存在带来的开放空间里，充盈着丰富的爱。

幸福不是勤奋工作的产物。过分勤奋会令我们精疲力竭、疲惫不堪。当你专注皈依带来的空间时，你就会感到在为自己充电。你已准备好去付出更多，获取更多，分享更多。那个皈依空间就是我们一生所需的一切有益之福报的源泉。

变苦为道

最重要的是要承认我们痛苦身份的存在，并与之建立恰当的关系。痛苦常常难以辨识。例如，你可能坐在一座美丽公园的海滩上，正等着与一位朋友共进午餐。或许，你在用手机发送邮件，既没有听到小鸟的婉转啼鸣也没有看到树影婆娑。从身体上来看，你在呼吸，但你可能与你的身体毫无关联。你可能身陷对工作问题的思考之中并在规划各种解决方案。当你身陷惯性的身、口、意模式时，任何东西都不会真正新鲜、充满生机。如果你的不安感没有变得愈发严重的话，你就很难识认这些惯性模式。当我们期待下一个“事件”的时候，就会出现许多点滴的瞬间。这些点滴瞬间都是归向皈依处所的最佳时机。我们可能身处异地，在公司会议上或在愉快的庆典上。我们承认，我们并没有全情投入。说到底，我们常常分心走神，与我们自己的创造能量、自然环境及其他人所给予的一切断失了联系。整个一天，我们每个人可能都会找到意识习惯性的断失联系的众多机会，并把我们的专注力转向皈依处所。

无论你是否感觉痛苦身份无聊、是否感觉与之断失联系，或是否感觉它是不安的某种表现形式，只有你在识别痛苦身份后，才会有疗治之道。识认痛苦是开悟法身、真言和明心之旅的首要一步。

直接处于一种令人厌倦的、痴惑的或愤怒的感受中时，只需把专注力引向身体，感受静止的出现。当你一次次地归向静止时，你就会开始意识到静止总是会出现的。这是一个把专注力引向正确之处的问题。归向静止听似十分简单，或许你可能会认为，作为解决问题的一个办法，这并不那么令人信服。由于事情没那么简单，因此对某些人而言，要花上几年或一生的时间才能做到把专注力引向内心的这个转变以发现他们这样做时出现的东西。许多人不会做出那种转变，因此，他们总感觉世界危机四伏、充满威胁。但倘若你能一次次地转变专注力，那么，你对自己和世界的感受就会发生一个惊人的转变。重要的是要知道，在遇到挑战或感到痛苦的特定时刻，还有另一种方法可以感受那一时刻。要专注内心的根本静止。它已经存在，但难以识认。

当出现相悖的内心声音时，要听到寂静，它就在那里，就在那些声音中。我们不愿聆听内心的寂静，也不愿与之建立良好的关系。我们被一次次拖入内心对话带来的刺激和烦乱中，不断地与之商量或重复内心对话。当我们想到一个妙方良策时，我们会感到十分高兴。平时，我们尽量避而不想困扰我们的某件事，尽量将它抛置脑后，还会用其他事情使自己分心。无论我们是否实施了自认为的一个良策还是主动分散自己的专注力不去想某件事，从内皈依的角度来看，它都是苦口。当我们聆听特定时刻真正出现的寂静时，无论我们身处繁忙的机场还是坐在假日的餐桌旁，我们内心的声音都会消失。这就是新鲜的、充满生机之事物出现的时刻。

当你纠结在如此众多的想法和规划中时，要识认到自心之宽广、开阔的方面。空性会随时出现，因为，它是事物的自然状态。当你感到受到伤害或威胁，或对某个具体的人或某个具体境况感到愤愤不平时，你的专注力往往会被引向外部，而无法轻松地进入本然心。你禁不住会想：如果你不马上做点什么，情况就会朝着糟糕的方向发展。具有讽刺意义的是，如果你不把专注力引向内心的空性，而是继续按照各种策略反应行事的话，那么，你只是在加剧自己的痛苦。当你在制订一项计划或担心某事能否成功时，这就是苦意的全部活动。苦意永远不会成为真正摆脱痛苦的源泉。

我并非建议你去否认、控制或试图阻止你的各种想法。你只需做到“让想法出现”。你把思维看得如往常一样。要心胸开阔地对待它，既不要否认，也不要逃避，要意识到它。要满怀专注地朝它走去。当你接近它的时候，这就像尽力在捉到一道彩虹。经过这道彩虹，你在那里发现的东西就是空性。或许，你能感到那种想法四周和其中的空性。既不要否认各种想法也无须欢迎它们。当你感到空寂时，那种想法本身就不可能存留下去。它不会再存在下去了。但如果你否认它，那就是另一种想法。那种想法就是一种“聪明的自我”。它会说：“我靠观察而智胜了那种想法。好了，就是这样。”你会在那里自言自语，手握一张证书，标榜自己是各种想法的观察者。

做出规划的自心本性本身就是我们痛苦的制造者，无论我们的规划多么完美或精细，它依然是痛苦身份的一个版本，而且是更为致命的一个版本，因为，它不承认自己是问题的制造者。因此，无须想出一个制胜的良策，我们必须彻底地改变我们与苦意的关系，要意识到空性。我们也要让观察者消失。此时，你可能会问“还剩下什么？”你必须通过直接地、赤裸裸地观察为自己找出答案。我们需要直接观察我们繁忙的思悟之心以便发现明心。幸运的是，我们的前人已经做到这一点，并一直指导和激励着我们。

首先，我们需要承认自己的痛苦，要把专注力引向静止、寂静和空寂上。如果我们的痛苦消失了，很多的东西就会出现在内心的开放空间里。但如果我们的痛苦尚未消失，那么，我们就需要与痛苦建立一种恰当的关系。我们需要一种相互照应的关系。

列举来自日常生活的一例。我们会说，你遇到麻烦了，需要帮助，需要求助一位家庭成员的支持，你怎能感觉得到帮助了呢？如果他们能随时出现，并倾听你的述说，很可能你就会感觉得到了帮助。如果他们打断我们的话，指出我们逻辑上的几处错误，并向我们提出改进的方法，我们就感觉没有得到帮助。“你搞得真是一团糟。我觉得有必要给你指出几点。如果这次你能听我的，我就能帮到你。”或许，有人对你向他们吐露的东西感到焦虑。他们可能比你对环境更为担心。你感觉得到帮助了吗？没有。当一个人身在那里，但心不在焉或看似时间紧迫，你也不会感觉得到了帮助。他们不时地看表，接听电话，很明显，他们的心在别处。

当一个人能全情投入、心胸开阔、不偏不倚、能随时出现、有爱心并能给予默默的关注时，我们会感觉得到了帮助。完满显现的寂静相当美妙，就像有人这样坐在你的身旁或从你身边经过一样都会让你感觉得到了帮助。

我刚才举的例子说明，一个人如何能够帮助他人，也明确说明了你该如何对待自己，以便能与你的痛苦建立一种相互照应的关系。当你感到痛苦时，要心胸开阔。要做到不偏不倚，要保持沉默，要全情投入。要以温暖悦纳自己的痛苦。如果你那么做，你就会更快地痊愈。这样的全情投入可能需要一些修持，因为，你很可能会发现你经常性地评判自己。与痛苦共处不应是一个寂静的时刻。要让痛苦表现出来，要感受痛苦并以空性悦纳痛苦，而不是试图抑制痛苦、强迫自己的心并评判痛苦，否则结果会使你愈发紧张和焦躁不安。当然，这也会增加你的孤独感和卑微感。

我们的自我把我们和直接的感悟分开了。它是对感知到的威胁的一种反应。你认为，你与痛苦有关，因为，你在感受痛苦。而实际上，反应性自我与痛苦没有真正的关系。那是自我的根本痛苦，它与是什么毫无关系。痛苦是可以纯粹地、直接地感受到的。要让这种感受充分地表现出来并感悟之。为什么你要做这样的一件事呢？因为，觉识本身是真正的关注，而这种真正的关注可以生成慈、悲、喜、舍等众多功德带来的温暖。觉识是自然疗治过程的关键。

如同自愈一样，当你以开放的觉识理解他人的痛苦时，就会带来一种最强有力的交流。这就是慈悲带来的感受。慈悲（救度他人离苦的真正意愿）是获致圆满的最佳途径之一。如果你能真正倾听他人的痛苦，无论那个人是谁，你都会心生慈悲。心生慈悲经常需要我们转变对他人的看法。这是从受到约束到敞开心扉的一种转变，要接受并感受他人的痛苦。有一个普通的例子谈及感受的转变：设想一下，你一直在等一个朋友过来与你共进你亲手准备的一顿美餐。时间越来越晚，你愈来愈生气。他终于到了，和你握手并说："我在来的路上出了事故，我的车彻底报废了。"你感觉到了什么？一瞬间，你聚结的怨气会一扫而空。这怎么可能呢？这是因为你已承认了他人的痛苦。当你感受到他人的痛苦时，你的逻辑平台就会坍塌消失。我们都具天生的能力可以消除把我们与他人隔开的藩篱。当我们理解了他人的痛苦时，自我的约束性防御壁垒就会化为乌有。同理，当我们不加评判地感受自己的痛苦时，自我的约束性壁垒也就会烟消云散。直接的赤裸觉识可比作太阳，觉识带来的温暖能够融化已被固化的那个苦身，其方式就像太阳的温暖融化坚冰一样。这种温暖就是专注带来的温暖。在这种专注中，慈悲这类积极的疗治功能是会迅速显现的。

疗治痛苦的三片内皈依"药"

让我们看一下如何通过身、口、意三门求得皈依以治愈痛苦感的。首先，要进行简短的反思，要意识到此时你人生中的一次挑战或一个问题。当你把这个挑战或这个问题引向内心时，要注意到这个问题如何出现在你的身体上。要把清晰的专注力引向你可能感到的焦躁不安或紧张感上。当你在身体上有所感觉时，要把专注力引向静止不动。要专注静止。在你开始归向静止时，焦虑感就会开始沉静下来。当你继续专注静止时，焦虑感就会释放出来。要继续把专注力引向静止，当你归向静止时，要安住于此。静止能成为感受内心之无限空性的一扇门，即一个始终存在的更为深邃的静止之处。那个更为深邃的静止就是一剂药，因为，它会让你获得一种无限空性之感。你的焦躁不安已成为解脱之道。这是充分意识到静止会把无限空性融入日常生活的一个途径或一扇门的问题。实际上，我把这种“静止”之药称作“白色药片”。我鼓励我的弟子们整天都要经常服用。

我们发出的内心之声可被视为痛苦的另一个方面。当你把专注力引向内心并观想此刻你能感到的任何不安时，会发生什么呢？你可能在想：“我正在看，但我不敢确定真正看到了。”那就是一种声音。你在自言自语。或许，你在说：“听起来十分容易，但实际上并不那么容易。”你再次地自言自语。或许，你在想：“好吧，我能看到自己的痛苦，但他人一点儿都没改变。我能够明白自己的感受，但如果他人不去改变又会有什么帮助呢？”这是再一次更多的自言自语。如果你以这种方式自言自语的话，你就不会适当地关注自己的痛苦。你能把它当作苦口来听吗？痛苦是正在自语的痛苦，而你在认同那种痛苦。你对自己的真实身份感到困惑。当你意识到你不再是内心对话之声时，你就获得了解脱。怎么才能做到呢？要把专注力引向寂静。静止和寂静是两个不同的途径，但都通往同一个地方，即内心皈依处所。此时，由于有内心对话，你能够聆听寂静。当你听到寂静时，你的痛苦之声就已消失。你就会意识到内心的无限空性。那种痛苦之声已成为一条道。寂静就是你已意识到的东西。此时的问题是如何保持那种寂静、滋育那种寂静，要充分意识到那种寂静并把寂静与每一种声音和每一种声响融合在一起。那就是你把苦口转化成或变成寂静之药的方法，通过这种方法我们可以识认无限的空性。我把“寂静”之药称作“红色药片”，并再次建议你一整天都要经常服用。

在观想你自心的任何特定时刻，自心可能会比其原本更为清晰。在大部分时间里，我们甚至都没有意识到我们的自心是否清净，或是因为我们专注他人或陷入内心的故事或幻想中而没有意识到。当你把专注力引向你的自心本身时，甚至当你感到困惑或产生疏离感时，如果你能用正确的方法观想自心，你就能够发现自心本性是清净、发光的，而且一直都存在。但如果你没有直接地观想自心本身，如果你陷入自心所思的内容里并认同自我的想象，那么，你就无法看到清净、发光的自心。如果你观想自心本身，它就是清净的，比任何东西都要清净。宇宙间没有任何力量可以阻障自心本性。宇宙间也没有任何力量能够摧毁空性。空性始终存在，只是关乎把专注力引向内心并发现内心的无限空性。当自心游移进入思悟状态时，由于你意识到那一点，就要把专注力引回空性本身。空性始终存在，只是你没有注意或重视它而已。那是你把自己游移的思索之心带来的痴惑引入道的一种方法。我把发现“空寂”之药比作服用“蓝色药片”。无论你感受到多么富有挑战性的想法和情绪，无论是个体性还是群体性的，“空寂”之药总会有效的。

人人都想摆脱恐惧。感到恐惧的人甚至对摆脱不了恐惧也感到恐惧。尽管你感到恐惧，但信心一直存在。在纯粹的存在中，既无恐惧也无希望。较长时间留驻在开放的觉识中是培养信心的一种方法。要身处那个空间。当你感到焦躁不安、烦闷、困惑或愤怒时，要服用三片药中的任何一种，并再次专注内皈依处所。由于知道内皈依是一剂良药，你就能求助它并在它出现时承认它。当你承认这一点时，你就会相信自己的感受。通过了解内皈依空间，你就能培育出信心。因此，如果你每天开始这么做五分钟，而后逐渐延至十分钟，最后达到半个小时的话，你就会有更少的恐惧。这是一种直接的方法。

甚至相信会有这样一个皈依处所也会有帮助。你怎么知道该归向哪里呢？当恐惧或焦虑主宰你的自心时，你不知道该归向哪里。通过归向静止、寂静和空寂，你就会感到得到了某种保护。即使你不能全心专注，相信那个空间的存在也是消除恐惧的一种形式。你会体会不断出现的信心是你对内皈依处所更直接的个人感受。内皈依处所可以消除恐惧，其原因在于自然状态超越了恐惧。自然状态能够超越恐惧是因为内心的无限空间是不变的。因此，如果你意识到不变之内心的一种更深邃的状态并了解那种更深邃的状态的话，你自然就不会感到恐惧了。

自心的自然状态超越生死。在死亡来临时，失去的只有自我。在本书中，我们将在后面对此进行更多的探讨，但就目前而言，我们可以说，身处那个空间就是在感受不灭、不变的空性。什么都没有改变。因此，当我们对那种独特的方面更加了解并感受这种不变的感觉时，一种深刻的信心与平和感就会出现。这不是靠思悟或持有某个哲学观点而产生的一种信心。确切地说，这是一种直接的感受，承认已经存在的东西就可能会有这种感受。

因有苦身或痛苦身份，我们要“服用白色药片”并归向静止；因有苦口，我们要“服用红色药片”并归向寂静；因有苦意，我们要“服用蓝色药片”并归向空寂。当我们感到静止、寂静和空寂时，我们的痛苦就变成了解脱之道。每一种境况都会转化为实现终极解脱的一条道，即专注不变的本质。

你可能会认为这是过于简单化或轻描淡写的一种训教指导。它真的因过于简单而看似不大真实了吗？大圆满大师解释说，真正的自心本性离我们太近以至于我们无法看清。我们都知道我们多么喜欢繁缛之事。越难到手的东西我们就觉得越好。对一些人来说，总想得到他们无法得到的东西是最大的问题。因为心有那种贪念，就无法看清自己已经拥有的东西。我们最大的事情就在当下，这是简单而深奥的真谛。最有可能的丰富感会由此而来。但在当下，我们既没有彻底看清自己的内心也不能充分地感受之。

因此，每当你感到痛苦时，要与痛苦共处。要很好地帮助你的痛苦。要温暖地全情投入，这种投入要彻底地敞开心扉，最重要的是要做到公正不倚。要在那里悦纳痛苦。西方人常常很难归向静止、寂静和空寂。当你静止不动时，他人就会找个问题。当你沉默不语时，他人会产生怀疑，认为大有问题。当你开诚布公时，他们又可能认为你不够精明。我初到美国时，“我很忙。”这句话是我感受到的一种文化冲击。大家都这么说。如果你说“我不忙”，那么，你一定出了什么问题。如果有人问：“你是干什么的？”而你回答：“没干什么。”那人就会认为：“有什么不对劲的地方。这不正常。”

或许，在你归向静止、寂静和空寂的最初时刻，你可能略有如释重负之感。而后，你会认为：“我不知道这是否真的会有帮助。”如果你继续听从那个声音，最终肯定是不会有任何帮助。摆脱那个声音会非常困难。你可能会辩解说：“当然，我能做到这一点。我能泰然处之。但在我的一生中这又能改变什么呢？这又怎能解决我的破车这类的现实问题呢？”当你聆听寂静时，你就会意识到你内心的一些积极的声音。事实是，当你开始聆听寂静时，你就会感到与空间的一种联系。但我们没有很好地意识到空间如何在滋育我们、开放的觉识如何在帮助我们。我们不了解觉识本身的滋育力量，因此，我们认同了由此产生的一种说法，认为我们感到的“聪明的自我”在应对和弄清我们的感受上如此必要。

我与他人共享的最美妙的感受出现在他们与静止紧密相连之时。刹那间，泪水喷涌，心生宽宥，产生力量，显现出清净和喜乐等令人不可思议的特质。这些特质源自何方？它们随意而自发地源自对内心的开放空间的认可。这种认可能够生成一切。或许，你会感到奇怪，为什么那种情况以前未曾发生。我们不承认内心的开放空间，因为它已被占有了，被你的自我障蔽了。如果你有那么多的想法和声音，你就失去了与寂静的联系。如果你感到极度的焦躁不安和波动，你就失去了与静止的联系。从那个空性怎能出现什么东西呢？当你承认痛苦并关注痛苦时，才会出现与空间的联系。这意味着，要向空间开放并悦纳自己的感受。事情就这么简单。

当人们净除了心理混乱或痛苦时，他们常常会说："我已经应对了这么多年，此时，我认为这个问题已最终解决了，它已经不复存在了。"但消除你的痛苦或困惑只是旅程的一半，旅程的另一半，可能是最重要的一半还尚未开始呢。

比如说，在过去几天里，你产生了一些肤浅的想法。而后，你突然注意到这种模式。你意识到这种模式，你无须参与、介入或进行评判，只需敞开心扉。最终，你会在空性就在曾占有你自心的那种想法中。此时，那个想法不见了。而后，你会说："哇，太好了！它不见了。"然后，你会说什么呢？

你会说："好吧，下一个是什么呢？我担心的下一件事是什么呢？"忧虑者总会找出一个新的话题。如果你审视自己的人生想看清是否有什么需要调整之事的话，你总会找出一些事情来。当你找到某件事时，你就会再次忧虑起来。如果你能抓住忧虑和寻找问题的过程，并能直接地意识到那个思维过程而不是内容的话，那么，当你直接观察那个问题时，它就会自行解决。

无论有什么痛苦，静止、寂静和空寂都是一种药。你可能会反驳说："你根本就不了解'我的'痛苦。如果我给你讲讲我的故事，你的想法就会不同了。"是的，我不了解你的痛苦。我看过许多印度电影，所有的印度电影内容雷同。看过五分钟后你就知道电影的结局。我们的痛苦就是那种情况。归根结底，每个人痛苦的核心都是非常简单的，但我们能否摆脱痛苦则取决于我们是否承认那种简单性。

承认并关注痛苦是非常重要的。当我使用"承认"和"关注"这两个词时，你可能会认为，我们在谈论一些纯粹的概念。而把痛苦变成离苦之道绝非是一条概念之道。它包括无分别觉识。这是要敞开心扉，要张开光之臂膀去悦纳在无限空间中自己的感受。

我认为，任何东西都不会像空间带来的觉识那样处理情绪。那个空间就是一个不可思议的处理器。任何解读都无法与开放觉识的处理能力相媲美。当你试图解读某件事时，你不会意识到，解读者本身就是问题的一部分。问题和解读者都是自心的各种构件。而直接、开放的赤裸觉识并非自心的构件而是自心本性本身。因此，它是最大的处理器。如果你“是”那种觉识，一切均可充分地感受到。不会存在未尽之事。

内心的开放空间的美妙之处在于它不会因人们这样或那样称呼它而发生任何改变。当你感受到内心的开放空间时，重要的是不要用其他名字称呼之。用其他名字称呼就会干扰对它的专注。名字只是用来把自心引向那里，但它显然不是感受或觉知本身，而在那个意义上，名字就是一种障碍。它可以用来靠近一些，但归根到底，名字本身就是一种障碍。觉识既无名、也无始作俑者和拥有者。

宽广觉识的另一个美妙之处在于它如光一般。光不会承认黑暗的历史（黑暗时间的长短、暗度）

或黑暗有多么复杂。光只是照亮了黑暗。光不会说："好吧，让我们来看看你特殊的暗度。你在黑暗中待了多久？多少人像你一样一直待在黑暗中？"无论你感到多么困惑，光都不会予以认可。那是觉识的美妙之处。就像太阳一样，光不具有选择性。光闪烁之时，黑暗一扫而空。当你有所意识的时候，无明带来的痴惑就会消失。

在禅修中，人们有时会获得极大的感受。于是，他们会说："好哇，当然，这只是一种值得回味的感受，它不像我的痛苦那般真实。毕竟，我已经痛苦很久了。这种解脱不可能是真的。有时，我感觉很棒，但这肯定不可能是真的。"一时你感到心胸开阔，一时又彻底地质疑这种感受，难道这不令人感到不可思议吗？当你感到痛苦时，你会说："是的，这是一个熟悉的地方。我早就知道大乐不可能是真的。"正如老话所说："熟悉的地狱胜过不熟悉的天堂。"对许多人而言，那是一种常有的感受。当感到痛苦时，他们会说："是的，我现在回家了。这就是家，这就是我。这就是我的禅修坐垫。闻起来对劲，感觉熟悉。我猜，这就是我的人生命运。"

请坐下来，把全部专注力引向你的身体并专注静止带来的身体感受。不要屏息，要善调呼吸。要聆听寂静，特别是在你自言自语时更要如此。那种内心之声就是寻找寂静的一个机会。因此，要向那种声音开放，要让它发出来并感受其中的寂静。当你听到内心寂静时，你的苦口之声就会失去力量。安住寂静是一种非常独特的感受。如果你观想你的分别心，那么，你在这一时刻产生的想法，甚至是“哦，我在聆听寂静”这样的想法都会阻障空性。如果你认同思索之心，它实际上就会阻障潜能和创造力。因此，不要否认自己的想法，也不要因有想法而激动万分，要敞开心扉并感受想法四周和其中的空性。要寻找并持续承认空性。要在空性中悦纳自己的感受。觉识活跃起来的时候，想法就会消失。你的想法不会再主宰你的感受。你会更加灵活自如。你会更加心胸开阔。你会有更多的成长机会、有更多的富于创造力和发展的机会。

最终，通过静止、寂静和空寂，我们归达本然心这同一个地方。但在修法之道上，它们是各异的，因为你是通过一道特殊的门归达的，即通过动作归达静止，通过声音归达寂静，通过思维归达空寂。尽管归达之道各异，但在本质上，它们是相同的。当你归达时，通过的是这扇门还是那扇门就毫无区别了。你来自何方也不再重要。当你迷失时，门才会十分重要。如果你迷失在大山的东侧，那么，最好去找东边的路，因为，它离你最近。当然，你也可能始终四处游荡到了西侧，但给你的建议是去找最近的那扇门。当我们乘坐飞机时，空乘人员总会提醒我们"最近的出口就在您的身后"。在这种情况下，最近的出口恰恰就在你的内心。你内心的批评者可能就是最近的出口，他会提醒你通过聆听寂静进入内皈依处所。你下颚的紧张感可能就是最近的出口，它会提醒你通过静止进入内皈依处所。你质疑、犹豫之心可能是识认自心空性的最近出口。但我们对繁缛之事喜爱有加，也常会选择最可能的那条路。令人奇怪的是，我们怎么会毫不珍惜最近的那条路！

一天服用三片药以强化归内之心

即使我们都认为把清晰、开放的专注力引向内心是个好主意，但为什么做到会如此之难呢？这是因为我们对空性不甚了解，也不够信任它。我们质疑它是否灵验，也质疑我们能否置于内心的核心处。因此，我们没有归向我们的本质，也没有充分地感受到我们内心的丰富性。即便我们的确有所感受，我们聪明的自我会加以干扰并消弭这种感受，它会说："不会那么容易。"

我们怎能更了解内皈依呢？如果有人给我们开了一个对健康绝对必要的药方，我们会受到鼓舞，会想方设法找到记住服药的方法。因此，我们或许需要把归向内皈依视为一种必备药。这就是我用静止之药、寂静之药和空寂之药来做比喻的原因。要把这种比喻视为你真正需要的一个药方，不仅仅是为了治愈疾病，也为帮助你蓬勃发展，成长为人。

如果你有所关注，服用三片药中的一种，机会就会选择你。当你感到心烦意乱、焦躁不安时，你的焦虑就已经选择了你。在那个非常时刻，你要对你的焦虑心怀感激，因为它已在提醒你服用白色静止之药。要缓慢呼吸，要以开放的心胸走向焦虑并感受之。你的静止就在你的焦虑当中。不要让自己分心，也不要否认焦虑，要尽力在其他地方归向静止。要走向它。要在你的焦虑中发现静止。

当你在自己声音中听到怨气时，要承认是该服用红色寂静之药的时候了。你该做些什么呢？要敞开心扉。当你在声音中听到寂静时，要悦纳自己的种种怨言。寂静就在你的声音中，因为，寂静就是声音的本质，空间是事物的本质。不要用拒绝做动作来寻求静止，不要用拒绝声音来寻求寂静，那是不可能的。你永远不可能靠拒绝自己的感受来寻求感觉。

当你的自心因各种想法和计划而变得疯狂时，要服用蓝色空寂之药。切记，不要靠否认自己的想法来寻求空间，空间已经存在。但重要的是要一遍遍地有所发现。

因此，要确保整天都服用这三片药。如同经常承认有机会一样，要经常服用这三片药。我的建议是一天至少五次进行有意识的选择，通过服用三片药中的一种来专注内皈依。那就是我给你开的药方。为鼓励去了解这种非正规修法而列出具体次数似乎十分有用和必要。通过记住服用三片药，你就会发现内皈依带来的极大好处。

内皈依与实现法我

第二章　内皈依与实现法我

我写了三首偈颂，作为修内皈依的一种教法，以鼓励我的弟子们尊奉我们普通的身、口、意为发现自己俱生功德的途径。三首偈颂分别对应着身皈依、口皈依和意皈依。当苦身、苦口及苦意得到承认并在静止、寂静和空寂中得到悦纳时，它们就会自然消失消释。由此我们就能发现身、口、意的圆满或神圣方面。我把这些神圣方面称作报身[①]、光明身和大乐[②]身。

① 报身（Sambhogakaya），亦称“受用身”或“圆满受用身”。这是佛的一种身体，在获致觉悟后，享受着佛法的乐趣。——译者

② 大乐（dBe-ba-chen-po；mahasukha），在无上瑜伽部修持中，“大乐”指的是修持者对大乐的究极体验，大乐生成于与同伴或伴偶的结合（无论是观修还是实际的体验）。当这种究极大乐的体验随着对空性的直接体验而生成时，其产生的状态被称作“乐空双运”。——译者

内皈依

身

自身佛陀坛城[①]中，
功德圆满生起地，
三脉[②]五轮[③]之身界，
皈依空性之报身。

口

一切苦难如云积，
智慧风便驱散之，
原本清净虚空界。

---

① 坛城（dKyil-vkhor，Mandala），亦称“坛场”或“曼荼罗”。密宗本尊及其眷属聚集的道场。就其平面可分为大坛城、三昧耶坛城、法坛城和羯磨坛城四种。——译者

② 三脉，中脉、左脉和右脉的总称。中脉是指轴线上或居中的脉道。它垂直贯穿整个身体，从会阴直到头顶，并经过五大神经丛或五大脉轮。左右脉分别位于中脉两侧。白色阴性左脉道被称作“舒适脉”，红色的阳性右脉道被称作“黄褐色脉道”。——译者

③ 五轮（rTsa-vkhor-lo-lnga），亦称“五大脉轮”。藏医所说的人体顶门、喉间、胸间、脐间、私处等五部位之辐射性脉结。人体顶门的“顶轮”（头轮或大乐轮）呈内拱形，有三十二条白色轮辐或莲瓣。喉间的“喜轮”呈上拱形，有十六条红色轮辐。胸间的“现象轮”呈下拱形，有八条白色轮辐。脐间的“脐轮”（幻化轮或变化轮）呈上拱形，有六十四条红色轮辐和一个三角形中心。位于私处的护乐轮亦称海底轮。——译者

皈依光明之报身。

意

智慧五光幕室中，

不二明点[1]光芒照，

无明黑暗破除尽，

皈依大乐之报身。

（中国藏学研究中心南加才让博士根据作者提供的藏文进行的翻译[2]）

---

① 明点，亦称“滴露”。藏传佛教宁玛派修炼“大圆满”法时微观到的一种物质。该修炼法是宁玛派特有的密法。密乘所说体内风、脉、明点三者中之明点，是大乐的精髓或种子，以种种精华、糟粕的形式存在于体内脉道之中。——译者

② 皈依诗的藏文转写如下：

Rang-lus-rgyal-bavi-dkyil-vkhor-dbus/
Yon-tan-ma-lus-vbyung-bavi-gnas/
rTsa-gsum-vkhor-lo-lnga-klong/
sTong-pavi-sku-la-skyabs-su-mchi/
sDug-bsngal-phung-bovi-sprin-tsogs-kun/
Ye-shes-rlong-gis-bsal-te/
Ma-bcos-ka-dag-nam-mkhavi-klong/
Vod-kyi-sku-la-skyabs-su-mchi/
Ye-shes-vod-lngari-gur-khang-nas/
gNyis-med-thig-legvi-vod-zer-vphron/
Ma-rig-mun-pavi-dra-ba-sangs/
bDe-chen-sku-la-skyabs-su-mchi/

第一皈依　空性之报身

通过对肉身的感受就能理解空性之报身。一般说来，我们能专注整个身体并发现静止的感受。当我们静止不动时，静止就是一条途径，通过这条途径，我们就能感受内心的无限、不变的空间。我们也能专注我们心里的空间或专注一个可以运用三脉道[①]（细微能量流动的内脉道）和五轮（能量中心）的更加精妙的身体“神圣结构”，并在那里发现无限的空间。通过清晰地专注并归向静止，我们就能感受到无限的空性。

空间可以在身体、脉轮和脉道，特别是在我们的心里感受到。因此，我们要把专注力引向自己的身体（我们的肉身）。“一个人身体的坛城”不是一

① 脉道，指的是体内输送红白菩提心露的神经及它们承载的气或“精气”。人体内共有七万二千条脉道，其中中脉、左脉和右脉三条脉道最为重要。在大乘佛教中，菩提心露有两个层次鲜明的含义：一是传统的菩提心露，指为芸芸众生获得圆满的利他动力；二是终极菩提心露，指的是直接实现空性的觉识或智慧。在密宗教法中，菩提心露也指经过体内脉道并在其中流动的滴露或“精液”。滴露分为白色滴露和红色滴露两种，前者相当于男精，后者相当于女血。白色滴露在头轮（大乐轮），红色滴露在脐轮（幻化轮）。——译者

个比喻，而是指我们拥有的这个肉身。我们肉身的每个方面都是神圣的。决定我们感到的是“俗”身还是“法”身取决于感知者。如果感知者是思索的游移之心的话，那么，我们就会感受到一般的痛苦和快乐。如果我们赤裸裸地直接感受到“内心”的话，那么，我们就会发现法身（报身）。无论我们是用全身的意识，还是运用五轮、三脉，还是我们的心里悦纳这种法性带来的觉识，报身都会安住那个内在的空间。那就是我的身份（一个静止之人）。我就是那个报身。当我感受到那个报身时，我就皈依了我真实的内心。我就是那个皈依处所。

报身具有不坏、不变、不灭、无缘起[①]和无处不在这些令人难以置信的特质。这些特质都是你的凡俗之身为你提供可以感受的机会。你真实的身份是不坏、不变的。我们的本质是不变的。通过静止，在这个肉身上，特别是在你的凡俗之心上就能发现报身。在这些教法中，凡俗之心是非常神圣的。我

① 缘起，缘生因缘。诸法均处在因果联系之中，根据一定的条件生灭变化。——译者

们真实的内心和能量就安住心中的神圣空间里。因此，那就是我们寻求皈依之处。那是我们着重去探究自心的地方，也是让我们的疑惑和问题得以自行消尽的地方。要把你的专注力引向内心，要静止不动，要感到一直存在的深层静止。你永远不会失去它，因为，你“就是”它。归向内心的能力是需要修炼的。我们要一遍遍地把我们的专注力引向内心，要怀着尊崇的态度去信任那个静止之地。这就是我们的修持。

纵观人类历史，人们始终对圣山、男女神像及神殿顶礼膜拜。我们心怀敬畏之心供奉它们，并祈祷以求得到指引。那就是你在这个非常时刻希望拥有的对待内在空间的态度。感受这一时刻的入口处是秩序混乱、喧闹不堪还是静谧崇高没有任何区别。重要的是你的尊崇态度及把坚定的专注力引向内心并意识到那种静止的能力。信任和尊重是一种普遍的皈依感。叩头、供奉及感受大乐和对内心皈依的渴望是另一种普遍的皈依感。“成为”那种静止，“成为”那种空间就是皈依的终极方面。为了开示明心，拥有常见和终极的皈依感方面都是重要的。

从谦逊待己开始吧！人们常会律己严格，常会拿自己与他人进行比较，与他人竞争。如果你用对他人大声说话的方式低声地对自己说会怎样呢？难道你不会被看作是在恶语相加吗？我们太多的人对待自己十分严苛，缺少自尊。重要的是不要借故生端，苛求自己或贬损他人。自尊既是皈依的先决条件，也是皈依的结果；既是皈依的必要态度，也是皈依带来的一般好处。终极的好处是，当你皈依时，你在内心会产生一种无拘无束之感，你也会感到得到了保护。这是在内心空间的一种深层保护，内心空间是一个不变、不坏的空间，这就是你真正的自己。此时，那就是个重要的讯息：当你求助这个内皈依时，当你“就是”那个内皈依时，你会感到不变之力量。

如果你审视一下你感到痛苦情绪及焦虑的原因时，它和对变化的恐惧关系极大。无论我们感受的是与人际关系、工作和家庭相关的人生小变化还是严重疾患、衰老或死亡这样的较大变化，变化都会使我们意识到，自我的预期是难以实现的。我们的自我（我们常见的自我感）很难适应变化。因此，对新境况的恐惧感就与即将发生变化的人际关系有关。从一个深层之处，我们担心“我”会发生变化。那个“我”的概念是根本性的谬误。它不是真实的，因为，一个人离我而去或我丢掉了工作都不会真的让我感到痛苦。真正的痛苦是担心正在发生的事情会改变“我”。我正在失去我原以为可以永远属于我的东西。我的那个“我”已受到攻击。感到恐惧的那个“我”是可变的“我”，是虚假的自我。

认清不变的本质是治愈这种易变的痛苦身份或自我的唯一药物。如何能够改变不变的本质呢？如果不变是我的真正本质，那么，任何人都无力摧毁它。同样，这不可能仅仅是一种信念，而必须是一种直接的感受。这种认识带来的好处并非理论上的。即使对此稍有了解也会产生力量。当你心怀对空性的信任之感求助内皈依时，你就会敞开心扉，这会让你更进一步地了解不变性。当你对这种不变性稍有了解时，你就会感觉一切如常。你就会与这种不变性共处。那就是皈依空间提供保护的方法。保护不是一种幻境。在幻境中，各路神灵会炫耀神奇兵器并为你抵挡制造麻烦的一切。更确切地说，保护是一种内在力量，它无貌、无状，无兵器。它什么都不是，因此，它就是一切。它是无形的，是你能发现的最强之力。归向静止，发现你身体内的内在空间是你成为第一皈依（报身）的方法。

第二皈依　光明之报身

第二首皈依偈颂说："皈依光明之报身。"光明之报身指的是明或光、意识和觉识（不坏空间带来的觉识，第一皈依带来的觉识）。觉识极为重要，它能生成既定时刻所需的任何特质，并提供自我能够想象出的更多东西。空间带来的觉识"就是"觉明。这种觉识不是对一个对象的觉识，而是觉识本身，即无创造者也无拥有者的觉识。它是每一时刻的生机与活力，是可以赤裸观见的。

我在第二首皈依偈颂中提到"一切苦难如云积"，这是个比喻，比喻不能识认内心那个清净、开放的空间的后果。开放、清净和广阔的天空比喻为你的内心，洒满天空的阳光比喻为内心的觉识。在自然界，乌云会遮蔽阳光。当阳光被遮蔽时，需要光和温暖的万物就不会繁茂。同理，缺少内心空间带来的觉识，我们就得不到助我们成长为人所需的一切滋养。

一种细微的风（气）与内心空间带来的觉识有关，被称为“智慧风”。这种细微之气会帮助消释或消除痛苦的感受并看到空性。在看到空性（我们意识中那种细微运动）时，痛苦的积云就会消散。空性带来的觉识是不会被阻障的。这种风（气）不仅仅是一个比喻，也是可以直接感受到（有关脉道、脉轮和气的详细解释可参阅本人的著作《净心禅》，书中介绍了清除消极的阻障之气并让智慧风运行起来的一些修法）。

当阻障之云消散时，光就会出现。这是觉识之光。你能在内心感受到纯觉识。因此，我们要皈依觉识本身。觉识是生成众多特质的直接原因。空性会让我们的一切感受显现出来，而觉识会给外在表相带去光明。天空听任一切，而太阳在你此刻看到的东西中扮演了不止一个角色。就我们的内心感受来说，慈、悲、喜和仁爱等特质与成为直接原因之觉识的出现相互关联。功德之本根就是空性或空间，但只有那个空间带来的觉识出现时，特质才会显现。因此，众多感受都会因感觉和意识到内心空间而出现。在意识到它之前可能内心空间是开放的，但在你意识到空性时，它才会生成众多功德。我把空性和意识到空性加以区别。无论你意识到空性与否，空性都能存在，但当你意识到空性时，它才会生成。那就是我们皈依光（皈依觉识）的原因。

让我试着用另一种方式加以表述。如果你身处乡间，凌晨三四点钟外出散步，此时，天色昏暗，你无法辨识身边自然环境中的物体或色彩。尽管你可能无法感知树木、禽鸟或花卉的各个细节，但这些东西依然存在。空间依然容纳一切东西，但你不能看到。你能想象着在这个空间里有许多美妙之物，但你看不到它们。你能想象着什么在你身边并相信有什么东西，因为，你记得你曾经感受的东西。而后，清晨来临、太阳升起，阳光洒照在你的周边环境上，你看到了树木、群山、草地和花卉之美。对美的感知会让你获得内在特质。在大圆满教法中，我们多次听到，在一个人内心的本根处（内心的内在空间），一切都是完满的。我们可能多次读到或听到过这种说法，但在阳光普照之前，在你意识到内心的内在空间之前，你不会看到完满。

当觉识之光普照时，你能感受到完满的一切。真实性和本真性都源自空性与觉识的这种和合。要看看这里有什么。要皈依这个光明身，要把专注力转向内心并皈依觉识本身。

这个静止之身（空性之报身）和这个觉识之身（光明之报身）与任何宗教或哲学无关，但与你本人有关。它就在你的内心。要直接地向内观想，你就会看到它。如果视而不见，它就会被阻障。为什么我们会视而不见呢？自我不能看到它。自我只能看到它自己的想象。那么，谁会看到它呢？它会自看，会自知。因此，它被称作自悟。我曾提到苯教和佛教一首回向文中的一句，它表明，这种自悟是师徒间一种真诚的意愿和需求。我归纳如下："愿保佑我用自己的双眼识认真容。愿帮助我识认内心之宝、皈依树、珠宝、圆觉之源和真我。"再没有比那种识认更清晰的觉明了。我们既不能创造它，也不能通过努力让其出现。那种识认就是你一生中能获得的最大一件礼物，我们在祈祷中要承认它。

第三皈依　大乐之报身

第三皈依处就在大乐身中。当觉识出现时，会发生一些事。无明带来的黑暗会从你内心的空间和觉识之光中消失，会示现出大乐之感。大乐不过是内心的喜乐。它不是成功的喜悦，不是拥有带来的喜悦，也不是希望拥有带来的激动或企盼。你的身份，或此时你知道自己的身份，因此，你是快乐的，你是喜乐的。你不必去感受快乐，因为你是快乐的。你不必寻求快乐，因为你是快乐的。你甚至不必给予他人快乐，因为你已经给予了。你不必分享快乐，因为你因快乐而已把快乐给予了他人。你“越想”给予他人快乐，你能给予他人的快乐就会越少。你“越”快乐，你给予他人的快乐就会越多。你在全情投入，你就是那种大乐，你就是那种快乐。你有了那种识认，你就不必费尽心力做些什么。那种愉悦感就是我们寻求皈依之处。很可能，我们并没有专注这样的快乐，或许，我们只是稍有这种感受，不过，它存在于我们的内心。因此，我们要皈依内心的愉悦感。

确定性、信心、内心平和及大量的功德就是皈依的善果。深层的信心意味着你就是那种静止、那种寂静，那种空寂。真正的信心并非来自我们的想法。它不是一支内心的拉拉队，会在那里喊："真的，你够棒的了。大家都爱你。你太棒了，你一定会赢。"信心来自没有什么可以失去这样的一种悟性。那是真正的力量，这种力量既非来自希望，也非来自恐惧。希望和恐惧都是自我的滋养品。当你感到深层的信心时，你就摆脱了希望和恐惧。无论人生遇到什么，你都不会失去自己的身份。如果你保持不动，你就会彻底静止。如果你听到寂静，你完完全全寂静。如果你承认空寂，你就与那种空寂形影不离。于是，我们就能铲除我们苦身之苦根，就能消除贪、嗔、痴三毒[①]并获致报身、光明身和大乐身。证悟三身就是禅修之善果，此善果业已存于我们心中。

由于禅修之善果业已存于我们心中，因此，重

① 三毒（贪、嗔、痴），亦称"三病""三火""三惑""三恶趣"或"三不善根"。佛教关于人们思想道德观念中应该彻底戒除的三种卑劣品质。——译者

要的是要强调你尚未修得善果，但你会发现善果的出现。如果你想修得积极的善果，那就算了吧。这是不可能的。任何神灵都无法通过想象的或是无法想象的心力修得那个善果。善果已经存在，因此，只是发现善果的问题。这就是大圆满法的观点。禅修是识认那种观点的途径或方法。日常生活中的各种境况和挑战都给我们提供机会一次次地发现那种观点之真谛（每个时刻都是完满如常）。通过了解你的本然心，你就能在内心出现三大圆觉之身（空性之报身、光明之报身和大乐之报身）时获得充足的信心。

和承认我们内心的三大皈依身相比，我们的凡俗之心最了解苦身、苦口和苦意。我们不仅经常感到痛苦，我们还认为我们“就是”痛苦。我们认同痛苦，我们甚至没有意识到我们正在认同痛苦。我们可能会尽力去爱自己的配偶或孩子，但并没能真正地去爱或分享快乐，因为，我们没有感到快乐。我们没有感到快乐是因为我们没能获得内心的开放空性。我们认同痛苦或不安，那就是我们感受到的一切。我们依然想要给出我们并不拥有的东西。我们尽量想给他人快乐，但结果却给他人带来了悲哀。我们尽量想付出爱，但结果却给他人带来了愤怒或沮丧。我们想敞开心扉，但却意识到我们正在封闭自己。这是有压力的，要付出心力的。人们常心怀负疚之感，因为，他们认为自己应该更有爱心。为什么会如此之难呢？因为，你只能给他人你此时正在专注的东西。在这种时候，重要的是要意识到而不是要竭力创造你尚未感受到的一种特质。你首先需要“弄清”你亲身感受到的那个受障的空间，它受到各种困惑、想法、情感和故事的障蔽。在此时刻，任何示爱的努力都是徒劳的。令人悲哀的是，人们会把人生的许多年花在无功无果的努力上，结果会感到与自己内心的疏离并感到在表达上的不真实。

如果你真的希望能专注并意识到空性带来的好处，就很必要识认痛苦身份。痛苦身份把过多的精力放在是什么东西上面而不是你的身份上。有时，我们会认为，倘若我们不付出努力，我们就会是一个自私、易怒急躁之人，或是个坏人。但我们常常意识不到，推我们一把或改变我们的任何努力依然是我们感受痛苦的一种表达方式。如果我们把专注力直接引向一时的努力上，就会出现其他东西，即出现一个巨大的改变。当你直接向内观想并赤裸裸地专注已经出现的空性时，你就会看到一张新面孔，新的特质也会显现。倘若特质没有马上显现，你需要张开光的臂膀悦纳自己的痛苦，需要多久就多久。只有当痛苦消失、空性得到识认时，你才能享有大量出现的功德。当你发现与内心的一个更深层的真实空间有一种联系时，就会发现你正在寻找的特质。你会发现一些东西，是通过可以想象的心力永远无法创造出来的。当你敞开心扉并有所意识时，轻松的功德就会自然生成。

信任是皈依的基础。即便在一个特定时间里你没有获得深层的静止之感受和空性之报身，你依然要相信它是存在的。在你的一生中，可能会有很多时候，你要经历极大的痛苦、恐惧、困惑和消沉，你会感到前途无光。不要说："我既看不到也感觉不到光。它并不存在。"而要说："我看不到任何光，但我相信它是存在的。此刻我感觉不到光，但我相信它是存在的。"那种信任会给予保护，即便在那一刻你没有感受到内心的平和。那种信任会给你一些力量并指导你更好地包容那些痛苦的经历。

由于有信任带来的力量，对你的挑战才不会彻底地击垮你。可能会有很多时候你无法归向静止。会有很多的焦虑和困惑，你的头脑中会涌现出很多想法、情绪和声音。对你而言，没有空性，没有觉识，没有大乐。你被各种各样的纷扰所控制。但你依然要相信："我无力感受静止、觉识或大乐，但我相信它的存在。"要信任那种本质。要信任自己。在那些时刻，这首皈依诗能够让你得到宽慰，会鼓励和提醒你，在你的内心里有一个值得信赖的地方。

内皈依带来的礼物

第三章　内皈依带来的礼物

我们个人如何能从皈依带来的礼物中受益，又如何让它惠及他人呢？报身、光明身和大乐身是我们内心的各个方面。我们的内心都有三身，但我们对这一点的认知是模糊不清的。通过修三门（识认并安住身静、口寂和意空），我们就能摆脱自己的痛苦身份，并清晰地理解空间、觉识和温暖。

当我们专注内心的这个清净空间时，它就不是一个被动的过程。当我们禅修时，在我们的想法和感觉一闪而过时，我们不是一位兴趣索然的观察者。相反，我们在识认我们内心本身那个空间。这种直接的识认是一束火花，是激发对那一时刻做出积极反应的一束光。当我们把清晰、开放的专注力引向内心时，我们就得到了疗治和滋育。我们会自然而然地慷慨大度起来。当你安住空性、觉识和温暖时，你就能自然地表达慷慨之意、心存宽宥之心、感受仁爱或心生慈悲。安住皈依处所的这种独特感受可以生成众多的积极感受。据大圆满教法的说法，如果你安住内皈依处所，就会自然生成一切善业[①]。这并不是说，你需要或想要给予他人，而是慷慨之心会油然生起，因为，任何东西都无法阻障或妨碍它的生成。

让我们看一下第二章皈依偈颂中提到的三皈依（皈依报身、光明身和大乐身）中的每一种皈依及每种皈依带来的独特礼物吧！

空性带来的礼物：报身

当你一遍遍地修持以把专注力引向静止时，重要的是要让你的想法和感觉生成而无须用任何方式加以评判或改变它们。在你悦纳了你在空性中感受的东西并继续保持对空性本身带来的觉识时，你感受到的这种无限自我之感不仅是让你获益的一件礼物，也是能够惠及他人的一件大礼。你有力量让他人做回自己。当你在内心感受到那个无限空间时，

① 善业，亦称“善”。以顺为义，随顺法、理，使自他得益。——译者

你就会让他人做回自己，而不是想方设法去控制或操纵自己或他人。你能让他们的感受充分表达出来，因为，你让自己的感受充分地表达出来。每当家人、朋友或同事表达出有压力、紧张、恐惧或些许期待时，你都能全情投入，不做任何评判或反应。如果你在内心没有感受到那个空间，你又如何能将它给予他人呢？但如果你的确感受到第一皈依带来的无限空间的话，那么，它就成了给予他人的一件大礼。他们的感受，无论是喜悦还是痛苦，都不会激活你的苦身，因此，你能向他们示现空性。在你内心生成信心和无畏的那种空性能够激励他人去发现他们自己对信心的感受。

或许，你一直尽力帮助你生活中某一个特定的人，但你的各种努力均未奏效或是造成了紧张或误解。如果你仔细看看这种情况，你就会明白，你的苦身为回应那个人而被激活，这就造成了你的话语或行为表现得像在控制和操纵而非关爱和帮助。有时，甚至我们的善意都会掩饰控制他人的意图。你内心的不安感就是一个清晰的信号，说明你需要返回内心并专注那个无限空间带来的皈依感。你首先需要感受到内心的那个空间，然后你才能积极地影响他人。当你感受到内在空间时，你就会自然地通过全情投入发出一种空寂之感。当你意识到那个无限的空间时，当你感觉并专注那个无限空间时，你就会通过让他人做回自己而把空性带来的礼物赠予他们。这并不是说，通过远离他们或让他们独处而给他们留下空间，而是说，你要全情投入地与他们共处，同时，又给他们留下做回自己的空间。皈依空间不是一个人给另一个人的，它是一件自然存在的礼物。接受这件礼物就是对他的认可。但一直缺乏的就是对这件礼物的“认可”。我强调的理念是：内皈依是你既能接受又能赠予他人的一件礼物。当你身处皈依处所时，这件礼物自然就在那里。当你承认这件礼物时，不仅仅是你需要的一切就在其中，而且，当你专注你内心的丰富性和圆满性时，你就会自然地意识到可以惠及他人的各种机会。一切功德都会自然地生成于这个内在空间，并出现在我们与他人的互动中。而重要的是要清楚我们不是在“尽力”地赠予。这不是一个二元过程。在二元过程中，一方是积极、热忱的赠予者，而另一方则是被动的、有需要的接受者。情况并非如此。整个过程是美妙的空。知晓这一点，你就会变得无比慷慨大度。这就是空性（内皈依偈颂中提到的报身）带来的礼物。

以第一皈依消除恐惧

如我们在第二章探讨的那样，我们人类的自我是易变和脆弱的。尽管我们都有能力识认不变的本质，但我们会以无分别心抓住瞬间的感受试图保护自己免受损失或发生改变。我们希望天生易变的东西能够一成不变。这就造成了对不安全的一种认同，我一直把这种认同称作苦身。我们在错误的地方（易变的苦身）寻求皈依。我们希望它应是不变的。当这种期许不断落空时，我们就会感到恐惧。把我们自己等同于易变之物的这种持续性的习惯就是恐惧的根源。

第一皈依（报身）具有不变的本质（内心的无限空间）。实际上，你是不变的，当你感受第一皈依时，你就会逐渐认识到这一点。认识到这一点并不意味着“我在理论上相信这是真的”。恰恰相反，你如此直接地感受到它以至于其真实性毋庸置疑。对内心这个无限的不变空间的认识就是对空性的一种强有力的感悟，也成为你内心信心的源泉。由于你直接感受到这种感觉不变的本质，因此，这就使你免除了变化带来的恐惧，甚至免除了自我所面对的最极端的变化：死亡。

每当我们穿过静止之门达至第一皈依处所时，我们就会有这种不变的感受。这种感受是治疗恐惧和焦虑的药物。要想探究这一点就要进行暂短的反思，要把近期对焦虑或不安的感受引入自心。要形成通过静止之门寻求皈依一种清晰的意图。当你悦纳恐惧或焦躁之感时，要把坚定的专注力引向静止，直至你模糊感受到无限的空寂。要信任这种模糊的感受。当你信任时，你的恐惧或焦虑就会开始消失。要让你的专注力安住你发现的空性中。只要感觉新鲜，就要一直安住那里。一开始，你可能会感到，只能在极短的时间内保持一种开放的专注，或许只有几分钟。当你持续修持悦纳恐惧或焦虑，同时专注静止时，你会一遍遍地亲证焦虑的消失，也能较长时间地安住空性中。当你如此修持时，你的恐惧感会因信任并安住空性而被克服，这“就是”内心不变的无限空间（报身）。当你持续修持安住空性时，信心会自然生成。这是超越恐惧、发现自然信心的真实的、唯一的方法。

觉识带来的礼物：光明身

正如我们在第二章探讨的那样，第二皈依（皈依光明身）就是内心的无限空间带来的觉识。当我们发现觉识带来的内皈依时，我们就会专注完满感、完整感和有价值感。这是一件巨大的礼物，也是治愈我们所受之众多痛苦的一剂良药。无论痛苦是一种极端形式（如身体癖嗜），还是一种更为微妙的形式（依靠外界事物获得幸福），这都是注定要失败的一种方略。当你感到内在空性带来的觉识时，在那一刻，你感到完满生动示现，并与你的身份和你身处之地有了灵通之感。在最实的意义上，这就是自我价值之感。你意识到你充满了潜能。由于在特定时刻的每一个人在其内心都有无限的可能性。当你把觉识带来的礼物馈赠他人时，你要让他们去感受、探究和发现他们自己的身份，而不要试图控制或操纵他们的过程或结果。

假定你与正在面临挑战或遭遇困惑的另一个人有关。你可能会感到他的不安。如果这激活了你的苦身，你的反应不会来自与无限可能性的一种联系，因此，也就缺乏创造性。你的自我无法全力相助，因为，它缺少空间、觉识和温暖。每当你承认自我已被触发时，重要的是要专注内皈依。否则的话，即便有良好意愿，自我也会干扰你自己或他人的修持过程。如果你真心希望帮助他人，就要将自我的安排拒之门外。要让他人去感受、专注并弄清他们的修持过程。那并不意味着，你是被动的，与人疏离的。恰恰相反，你是在全情地投入。

当我撰写此书时，我的儿子僧和年仅五岁。他常常希望得到我的关注，却从不考虑我是否繁忙。一次，他邀我进入他正在玩耍的那间起居室。我穿着拖鞋走进房间，他马上说："把你的拖鞋脱掉吧！"他一边说一边让我坐下，和他在一起。对他而言，我脚穿拖鞋就意味着我会随时离开。当然，一旦我脱掉拖鞋坐在他的身旁，他就一点儿都不关注我了！但他依然希望我在场。他全神贯注地玩着，并没有要求我做任何事情。但我在场对他意味着很多。第二皈依带来的礼物就是：要全情投入，不要干扰正在发生的任何事情。我发现，观察孩子们对其身边成人的反应十分有趣。当大人心不在焉、评头论足或自有安排时，孩子都会对空性及大人的情趣做出自然的回应。

有时，我们不善于倾听身边人的述说。为什么呢？因为我们有太多的内心对话。我们会心不在焉或更有兴趣倾听我们自我发出的声音，而不是把清晰的专注力引向他人。要让他人去表述、感受、探究。要全情投入与之共处。不要低估这种专注的力量。由于有了第二皈依，你就不是坐在一个被动的静谧之处，而是在修觉识，无论是怎样生成的。无须进行评判或对他人怀有期待，全情投入就是一件大礼。当然，如果你未能在内心感受到这一点，如果你没有真正地接受觉识带来的这件礼物，那就很难将它馈赠他人。

以第二皈依抑制希望

第二皈依可以抑制希望。这种想法看似有些出人意料。因为，在西方宗教中，希望被视为一大美德，是对未来福祉的一种希冀，也是治愈绝望的一剂良药。但有时，由于我们未能意识到这一点，我们的各种希望就会伪装成我们内心缺乏的一种隐秘恐惧。如果我们看看，希望在我们的一生中怎样以这种消极的方式起作用的话，我们就得自问一下，我们希望从他人那里获得些什么。我们会经常发现，我们希望身边的那些人做出改变，希望我们能够证明他们该做出改变的原因。如果你很诚实，你就会发现，你希望他人做出改变的原因是你感到内心的某种缺失或不满。我们常常希望他人能实现我们内心被忽视的一个方面或弥补一种显见的缺失。当我们与我们自己生活的固有的完满性没有联系时，我们常会期待他人能为我们提供这种完满性。因此，重要的是要在觉识和内心的空间建立联系并发现内心的丰富性，即感受到每一时刻的无限可能性。当我们这么做的时候，我们就会发现，我们向他人索求得会更少，而给予他人的东西会更多。

希望能是一件好事。“我希望你能幸福！”在我们的良好祝愿中，我们掌握着他人身心健康、快乐幸福的可能性。而这种祝愿的潜台词是“我不明白你为何痛苦得那么久”。有时，希望某人幸福源自不承认那个人正在经历他们在经历的一切。如果你让他们承认并感受自己的痛苦，他们会痊愈得更快，要快于你进行干预或不让他们感受痛苦。

或许，你曾与他人有过争执或与某人闹翻过，你尽力对他们说些什么或做些什么，但他们误解了你的意图或根本不喜欢这种做法并对你动气。此时，你希望别人能率先道歉，你在等待他迈出第一步。在很多家庭中，这类僵持的态势甚至会持续多年。如果你发现自己处于这样一种境况中，那么，重要的是要意识到，你正在让懦弱和困惑来影响你，而这种影响并非出自你的力量。如果你求助内皈依，并专注你的俱生之力，那么，你能消除这种共有的苦身，采取积极主动的治疗。

通过直接赤裸觉识走进内心的完满性是获致大乐的更佳途径，它胜过等待他人的道歉或关注。要直接归向皈依处所。要让它成为日常生活的一部分，这样，你会发现，你的生活不存遗憾或未竟之事。如果你密切关注向他人索取之物，你就会发现你已经拥有了它。你已拥有了丰富性。你已经很富足了。你已经建立了那种联系，因此，在某种意义上，另外的所求毫无意义。你会索要你已拥有的东西吗？此外，一旦你发现俱生的丰富性，你可能会对他人心生慈悲。你可能会承认，他们与他们的丰富性并没有联系。心生慈悲的唯一办法就是改变内心的某些东西，并意识到你“就是”你向他人索取的那件东西。你就是第二件礼物，即觉识带来的礼物。

如果你想要探究一下觉识带来的这个礼物（第二皈依带来的礼物）在你的人生中如何起作用的，那就反思一下并把一种关系引向自心。在这种关系中，你始终感到失望或怀有无法实现的一种期许。当你意识到你的需求之感无法满足时，要承认你内心有一种不完满之感。当你意识到这种感受时，不要评判自己，而要全身心地归向皈依处所。要把觉识引向内心的无限空间，要聆听内心的寂静并感受那一时刻的丰富性和完满性。要安住于此，要让你未得到满足的感觉和感受在与空性之联系带来的生机活力中得到悦纳。当它们被彻底悦纳时，它们就会逐渐消失。当它们消失时，要专注此时自然显现的生机活力和完满性。这样，你就会感受到一股力量，它会超越因冲突而造成的各种希望。要承认、领悟并安住第二皈依处所，要感到得到了滋育，要想象着把这种生命力投射给他人，要让他们做回自己。

温暖带来的礼物：大乐身

在第三皈依中，我们谈到温暖。大乐身是一种自然的温暖感觉，源自开放的空性。你敞开了心扉，你就会意识到开放性。开放性带来的觉识被称作“和合”。这种和合能自发地生成温暖和功德。你和它们相关，你能感受到做回自己带来的温暖。到了示现温暖并将其带给他人的时候了。你会发现幽默自然而然地源于你所拥有的信心和觉识。没有自信，就不会有真正的情趣和幽默感。幽默感源于情趣，情趣源于温暖，温暖源于信心，而信心源于开放性。

有了温暖带来的这件礼物，当人们发现自己的创造性时，你就能与之共舞。你的行为不会造成任何干扰。当我们感受到空间、觉识和温暖带来的这件礼物时，我们就要充分地让它表现出来并与他人一起分享。分享、相融、行动、歌唱、大笑和成功是人生中可以获得的一段美妙经历。在你的内心中，没有什么会比发现空间、觉识和温暖更重要的事情了。要心怀那种温暖并与他人一起分享。

以第三皈依消灾解难

内心大乐带来的温暖可以消融苦难的坚冰。它能使我们摆脱内心的无明，也能治愈痛苦、疾病、消除阻碍和日趋僵化的人际关系。这种温暖源于觉识与空性的关系，它是一剂最佳良药，也是我们内心最棒的治疗师。

在进行禅修时，你能应对不安、痛苦或疾病带来的各种感受。要把开放的、清晰的专注力引向痛苦或疾病，要感受无处不在的空间，因为，它已经存在了。这并不是说，要你再把空间引向你的痛苦，而要你意识到空性的出现并与之建立联系。这就意味着，不要以任何方式否认自己的痛苦，也不要靠思悟或自语来阐释痛苦。当你在疾病或痛苦出现时感到了那个空间，你就能感到觉识之光、那种联系和那种温暖，你就开始得到治疗。要让自然治疗出现，因为，当你识认了已经存在的空间时，联系带来的那种温暖就会自然显现。

要继续让你的专注力带来的温暖安住在感到不适的地方。当你意识并感受到那种温暖时，要逐渐地把专注力引向痛苦、阻障或疾病的中心。你愈感到宽敞开阔，你自然的疗治能力就愈会得到支持。

无限空间是一件大礼，无限觉识是一件大礼，自然自发的温暖也是一件大礼。在这个非常时刻，这些礼物已存于我们心中。当你承认这一点时，你就会逐渐“觉明”这一点。这种觉明成为你一生中最大的资源。这种觉明始终是欠缺的。我们对固有存于我们内心的东西缺乏清晰的认识。在这个时刻，你能意识到温暖带来的这件大礼。喜乐、仁爱、慈悲、关爱、谢意、赞美、激情和奉献等众多感受都源于那种温暖。源于那种温暖的一切特质均是礼物。

示现温暖带来的礼物是无须筹划或规划的。我们的内心智慧明白该在何时、何地、向谁示现这些具体的特质。这种智慧远比自我更加清楚明白。要相信这一点。当时机到来之时，要记住，要知道该做些什么、该如何给予。你会自然而然地给予身处痛苦、苦难、疾病和困惑之人以帮助。你会向那些感到困惑、遭受敌意、挑衅和有意摆脱痛苦和困惑的人敞开心扉。很多人在受苦，他们需要你的礼物。要意识到你有礼物可以相赠。当你发现你就是那件礼物时，你就会发现，给予比受取更令人感到身心愉悦。

境相即本心

第四章　境相即本心

在探讨了把专注力引向内心并发现内皈依带来的礼物所产生的力量后，我们已做好准备去接受达瓦坚赞的心传训诫。达瓦坚赞简明扼要的指导能引领我们从冲突和困惑达至解脱。当我们探索和思悟每行偈颂的含义时，愿你们能够领悟到这个古老的教法是如何成为消除你感到的惑与苦的一种治疗方法的。这位颇受尊重的苯教禅修大师的重要训诫偈颂共有五行：

境相即自心，
自心即是空，
空性即明光，
明光即和合，
和合即大乐。

“境相”包含两个基本的内容：一个是主体或自我；一个是客体或由那个自我想象形成的外在表相。两者都是虚幻的，也肯定不会像我们看到和感觉的那样实在和具象。当你说“我感觉很糟”或“我觉得受到伤害”时，那个“我”就是靠想象形成的。它不是固有真实的。我把这个“我”的概念称作苦身。如果你仔细地观想那个“我”或自我，它真的存在吗？它真的实在具象地存在吗？许多禅修大师已把他们的弟子送上了探究这个“我”的征程。这个“我”有形有色吗？是薄是厚？是在体内还是在身外？你能实际找到它吗？当你穷尽一切彻底地探究这个貌似具象的“我”时，就不大可能得出有什么固有之物的结论。令人诧异的是，原本并不存在的东西却能造成如此多的痛苦、杜撰出如此复杂的故事，还需要如此精心地加以防范。但当我们没能认识到这一真谛，即固有存在的自我并不存在时，就会发生那种情况。承认自我并非固有存在就是终结痛苦的开始。

自我通过想象力得以生存和发展。外在表相和故事都是自我的滋养品。如果那些外在表相陆续

"消失"，如果我们承认它们不像看似的那般具象，那么，自我就会变得愈来愈弱，愈来愈弱。因此，欲想领悟达瓦坚赞训诫偈颂第一行"境相即自心"，我们就要把我们的专注力引向自我编造出的外在表相。我们要以人生出现的事情开始，因为，那是我们更为明显的所陷之处。

什么是特定时刻能表述或捕捉我们痛苦之"境相"的典型例子呢？我们可能会发现自己正在感受或思考：

那个人的确让我挺烦的。

这是在浪费时间。

我希望他别来烦我。

我希望她能和我联系。

我不知道我怎么了？

我该怎么付这个账单？

我只是没精力去做那件事。

我提心吊胆的，我受不了了。

这太烦了。

我希望能得到那份工作。

根据达瓦坚赞的说法，上述说法及随之而来的境况都是自我的想象力编造出来的。然而，当某事这样“出现”时，它常常看似真实真切。我们会认为，我们需要为此做点事，或我们会感到无能为力，或许，我们想忽略它，并使我们无心去感受与之相关的事情。你可能会说：“好吧，显然很多事情不过是自我的想象，但我的一些问题却是实实在在的。我的母亲快要去世了，那可不是我的想象。”“境相即自心”并不是说你的母亲不会去世，但如果你意识到“境相即自心”这句偈颂的真谛，那么，你和即将离世的母亲之间的关系就能是充满美好和慈爱的一种关系。或许，我们已经开始进行禅修，我们会认为：“好吧，我能面对那个现实。我能接受那种痛苦。我知道，与其他所有事情一样，它也会过去的。”即使这样是错失了“境相即自心”所指的那个机会，还会有一种与我们拥有的人生经历（自心的外在表相）更直接、更重要的关系。

在日常生活中，当你真的喜欢某人某事时，或当你因某人生气或感到失望时，你的贪执或嗔怒会指向何方？会指向客体。客体成了焦点。“谁”合你意或不合你意对我们都不会如此明显或重要，因为，我们专注在客体上。我们能如此轻易地集中或专注在外在表相上，以至于我们与自己的内心失去了联系。我们可能并没有意识到我们内心正在发生着什么。相反，我们把自己的感受放在外面，放在他人身上。他就是我或爱或恨的那个具体的人。在得出这个结论之前可能会有一个渐进或发展过程，但我们不会再意识到这一点。例如，由于嗔怒，你可能不喜欢某人的所行所言。“当你那么做时，我真的很不喜欢。”那种感觉会持续一段时间，最终，你只会想：“我不喜欢你，真的与你此时做什么毫无关系，因为，我就是不喜欢你。”当你编造出这种自我的想象时，你的内心就会出现一个不稳定、无根基的易受伤害之处。该处表现出这种不安全感产生的原因与他人的所行所言有关。因此，你会抨击那个人、批评那个人，或想法改变那个人。如果长此以往下去，你就会得出一个结论，认为那个人很坏、那个人有错或那个人很危险。自我已经清晰地编造出一种固化的境相，而你会受制于那个境相。

如果你在进行反思之类的个人修持，那就要开始把你的关注从客体或他人身上转移到主体或感到苦恼的那个人身上。不修心之人只会把内心的投射视为完整的故事。修心之人会找到某个空间进行更多地反思：“我是什么样的感受？为什么我会生气？”于是，你的觉识开始从某人某境转向自己。在宗教修持中，觉识总是百分之百地专注内心。最终，你会征服内心的痴魔，而不是无明的投射（那个魔）。外魔不是你问题的根源，外魔不过是来自内心之源的一个外在表相。在深层的宗教修持中，你感兴趣的是斩断痛苦和困惑之根而不是仅仅折断一根枝条，因为，总会有另一根枝条生出的。

首先，我们必须领悟“境相即自心”这句偈颂。你幻相之明显的固化性能够消失的唯一方法就出现在你承认境相的本质及其境况的时候。承认这一点的唯一方法就是回看一下是谁制造了那个境相。我们该从何处开始呢？重要的是要从我们身处之地开始，从我们能够发现自己的状态下开始。

为了帮助弟子们认识到他们自己的个人感受，我选用“名人”或“名境”这两个词。我用“名”一词来指你的观见，无论暂时的还是持久的，你的观见都会认为人生中出现的某人某境都是一个问题。如果是个人，你就可能觉得，这个人知道按哪一个按钮让你感到惶恐不安。你可能会承认，在连续几天拒绝回复某人的电话后，你依然会感到那个“名人”的存在。或是，在清晨沐浴时，你发现在和你生动想象中的那个人争论不休。你能肯定的是，你在想象你的那个名人，因为，最简单的逻辑都表明，那个人是你挚爱的母亲、兄弟或某人的一位好友。这个人对他人可能是好事，但对你则是一种冒犯或一个问题。这就是自我的想象编造出的一种境相。因工作述职或发现自己赴约总是迟到而产生焦虑和恐惧可能就是“名境”的一个例子。

此时，对你而言，无论问题是什么，都要在你的心中审视这个问题。它真的如你感到的那般固化和具象吗？这种境况真的不需要依赖主体（你）而存在吗？怎么可能以你正在感受它的方式意识到它并非真的存在的呢？重要的是要密切地、赤裸裸地、直接地观想这个人或这一境况如何在你的内心出现的。要把你的专注力引向内心。当那个名人或名境在你的内心出现时，如果你能持续把你的专注力稳定、直接地专注在对那个名人或名境的感受上，你就会产生众多想法、感觉和自心的活动。要静止不动，要聆听寂静并承认空寂。要继续悦纳那种感受。你会发现什么呢？如果你不能继续参与感受的创造过程，你就会发现，它本身是很难持续下来。如果你密切观想，那么，当你专注静止、寂静和空寂时，就有可能摆脱自我的客体，摆脱你的那位名人或那个名境，摆脱你的境相。那种摆脱就是“境相即自心”这句偈颂所要表达的那个目标。

“境相即自心”的指导性修法

在阅读的同时，你会遵照随后的指导以帮助你领悟“境相即自心”这句偈颂。

以舒适的姿势坐下。把专注力引向内心。要归向身的静止、口的寂静和意的空寂。要归向静止、寂静和空寂，同时，要感到与它们的关系并全情投入在你的身体上。为此要花些时间。

此时，要让困扰你的东西进入觉识。你可能会感到有一位“名人”，他就是你恐惧、嗔怒或贪执的对象。或许，可能会遇到一种特殊的境况，这种境况会困扰你或阻障你生命的创造流。当你休息时，要看看由你的自我想象力形成的那个客体。

当你把你的境相引向自心时，你可能就会意识到许多想法，或是一个内心对话，或是身体上的不适之感或其他感觉。要对自己连说三遍“境相即自心”来提醒自己进行修持。要向内观想那个境相。要以开放的觉识（简单、直接和清晰地观察）进行观想。要赤裸观想。要观想得越来越近。不要以另一种痛苦（另一种想法）进行观想。不要用另一种声音进行交谈。只需采用无分别的直接观察。这样，你就是在皈依空间悦纳那个外在表相，无须用思考和解读进行进一步的阐述。

无论出现什么形象，都不要带任何观念、想法或判断进行赤裸观察，只是去看一看。无论出现什么看法或感觉，只是去感受它们。要以开放的赤裸觉识进行观想。这就是在用慧眼[①]观看。

① 慧眼（urna），亦称“天眼”“天目”或“第三只眼”。天趣的眼睛。以天上的净色为体，能知晓众生未了的生死之事。——译者

当你那么做时，奇迹就会发生，自我的对话和想象（自我的奇思妙想）都会终止。你不必再滋养或应对它们。你只需掌控在纯粹、开放的觉识中自我创造出的那个境相。当你真的用慧眼去看时，任何具象的东西都不会继续存留。你感受到的任何东西都会消失。色彩、形状或你感受到的各种特质特性都会消失。那位名人或那个名境的形象也会消失，消极的情绪也会消失。你不会感觉到任何具象之物在那里出现。这仿佛就像你在看投射在墙面上一个幻灯片。当你朝它走去，离它越来越近时，你从远处看到的映像在你离得越近时反而看不清了。什么都没有留下，连散乱的映像都没有留下，只有一片光。那就是你对第一行偈颂“境相即自心”的圆觉正悟。你摆脱了自我的想象，你感到了某种解脱。

只有自心留下了，客体不会存在了。因此，我们说“境相即自心”。当你以赤裸觉识的开放眼光去观想那个境相时，此处和彼处都不会有任何固化之物。要成为正在观看的那个人，这就是自心本身。

要赤裸观看。要直接观察。要安住开放的觉识。要信任这种感受。

领悟“境相即自心”是一种非常强力的感受。你认为具实存在、会引发问题的东西或阻碍你创造力的东西都是非物质的。认识到这一点非常简单，而相信这种感受却常常十分困难。若是赤裸观想就会十分简单，若是用“聪明的自我”去观想就会困难重重。

在没有明显挑战时

在修持中，如果你想不起你生活中的一位“名人”或一个具体的、具有挑战性的境况该怎么办呢？在那种情况下，你可以把你的专注力引向此刻你感知的任何东西上。或许，你意识到阳光和空间、色彩和声音并感到你身边的人。进入你的感官、感官意识和感官对象的一切东西也都是“境相”。或许，你正产生微妙的感受，这些感受与你的感知有关，但你并没有意识到它们。在感受一种深层的静止的同时，你能看见并感觉到你身边的一切吗？如果能够，那也是“境相即自心”所阐述的含义。所有这些境相“就是”我的自心。我同样能感受到它们。禅修应从这里开始。不必为领悟“境相即自心”

这句诗歌偈而分神费力去想一些问题或选择你生活中的某种痛苦。但当苦身猛然出现在你的生活中时，某种东西就已选择了你。因此，要把你的觉识引向你此时感受到的东西上。你对自己苦身的感受可能不会像太阳那般明亮、像晴空那般清澈，更不会像同修伙伴陪伴左右那样令人身心愉悦。苦身不会有那种光及发光的特质，不过，它是你的境相。消除境相的唯一方式就是要意识到它。

我们可能在概念上十分清楚，事情不会像貌似的那样，但我们如此强烈地感到这种境相的出现，以至于它会令人不安。当我们说“境相即自心”时，修持的整个方法就是要观想那个客体，那个境相，那是自我的想象。最为重要的是，不要用自我的眼光观想我称之为苦身的那个客体。那是在这种修持中你可能常会犯的错误。如果出现那种情况，它不会改变任何事情。你不会领悟“境相即自心”这句偈颂。它只是自我的另一个层面。另一种痛苦正在观想这个痛苦。“为什么是我？为什么是现在？为什么我还有这种感觉？我怎么了？”正在观想痛苦的自我会产生一种绝望的感受。你会感到众多混合交织的情绪，感到费尽心力、恐惧和心神不定。用这种方式进行观想肯定不会消除你的痛苦，只会造成更多的不安。或许，我们在用更聪明的自我进行观想，会说："哦，我明白这种痛苦就是我的贪执之心。因此，我要把它呼出去，把它放出去，现在就把它放出去。"无论我们是用明显的痛苦还是用更聪明的自我在观想痛苦，我们都不是在领悟"境相即自心"。因此，重要的是要赤裸直接地进行观想，要用慧眼或空性进行观想。关键是要明白如何在禅修中感受并运用之。

比如说，你正在观想感官对象及各种感受（即境相）。当你没有面对具体的痛苦时，你只是在直接地观想感官体验。要感受那个空间，重要的是要感知感官体验并感受那个空间。当你按照大圆满法进行修持时，要让双眼睁开。当你的双眼睁开时，你会感知很多东西。对一些人而言，睁开双眼会让他们分心。在开放的觉识带来的空间里，你能意识到彩色形状、感知、想法、感情和情绪的存在吗？如果你培养出这么做的能力，或许，你能以空性悦纳自己的痛苦。悦纳觉识中的感官体验就好比天空悦纳了一道彩虹。情绪上的痛苦更像大海的波涛，由于更为剧烈的波动，在觉识中悦纳痛苦可能会更加困难。但当你了解了如何在开放的觉识中悦纳各种想法和感受的时候，就会更容易悦纳意念更为剧烈的波动。然而，如果你不习惯悦纳任何东西，那就很难悦纳痛苦。最难的就是要悦纳你对具有挑战性的那个客体、那位名人、那个名境或具有挑战性之境况的反应。由于它们的威胁如此令人信服，因此，很难悦纳你在对它们做出反应时的想法、感觉和感受。

在日常生活的一般时刻，重要的是要意识到空间。在没有明显的挑战或威胁时，看似平凡的时刻就是意识到内心空间的最佳时刻。但实际上，我们通常会在处境艰难时才会意识到空间，因为，我们的需求或紧迫感更为强烈。当一切顺利时，我们会在轮回[①]中获得乐趣。我们能期待光明，因为，一

① 轮回（samasra），佛教关于善恶报应的基本学说之一。常有六道轮回之说：六道轮回是指在生死的六种境地中轮回，六道分别为天、人、非天、傍生、饿鬼和地狱，是佛教所说众生根据身前善恶行为有六种轮回转生的趋向。——译者

切都进展顺利。而当我们受到痛苦和困惑的挑战时，我们会寻求解脱，寻觅光明，寻找快乐。有些时候，你只需闭上双眼就能感到快乐涌上心头。有些时候，当你感到快乐出现时，你可能会看到，快乐通过业力和创造力有可能得以扩展和示现。但有许多人会闭上双眼，一点儿也感觉不到，或只感到了痛苦。因此，会产生两种感受：一种感受出现在直接感受空性之时，另一种感受出现在感到受阻或身处痛苦之时。什么时候你更有可能求助修持呢？当你身陷痛苦之时。为什么会这样呢？当你感觉不到明显的痛苦时，你会比较容易地想："我不需要进行这种修持。我感觉良好"。但如果你这样去想的话，你就感受不到一种更深层的快乐感。你就不会获至这种深层的快乐，因为，你做得还远远不够。当你在生活中真的感到快乐时，那就是进行禅修的正确时机。修持会帮助功德与功业的成熟与发展。

当你感到痛苦时，你可能会求助禅修以获解脱，但你会发现，你未能如愿，因为你做得太过了。你可能感到更加受阻受障，你身边的世界可能十分险恶、令人不知所措。这会产生一种绝望感。在探寻、求助，竭尽全力获得解脱时，你可能不会想到要少费心力，要更加敞开心扉，要感受更多，要意识得更加充分。首先，我们担心，当我们感到痛苦时，如果我们过于敞开心扉，那就意味着，我们将会感到更多的痛苦。我们忘记了，训教指导是要敞开心扉，“把专注力引向空性本身”。重要的是要意识到，更加清晰的那个自心并非更费心力的那个自心。我怎能发现开放的自心呢？只需少费心力。当我放松心力和阻力时，我就能发现已经存在的自心。当通过开放的自心你感受到并以轻松的觉识看到时，你会感到苦身的消失。只有不费心力，才能消除费尽心力之有分别心带来的积云。如果你有更深层的信任感，那么，你就不必花费心力来抑制痛苦，或编造出另一种自心的状态。你会看到自心带来的空性，它实际存在，是真正的皈依处所。

因此，要闭上双眼，要看看那位名人、那个名境或你的内心。你自己正是此时此刻十分纠结的那个著名禅修者。要准确地感到你正在感受的那种方法。要与那种感觉同在。最重要的是要观想或观察外在表相，即你自我想象的那个客体。要用赤裸纯觉识直接观察。要切实有这种感受，无须抑制或保持距离或视角。要积极热情地更加接近你感受到的感知和情感。要让你的感受彻底、公开地示现出来。当你那么做的时候，觉识就像太阳的温暖，自我想象的物体就像迷雾。阳光触碰那层迷雾时，迷雾开始融散，变成液体。赤裸觉识就是阳光、温暖。当那个物体消失时，你会感到你体内的能量变得越来愈松弛，打开并流动起来。当出现这种情况时，你的自心就会变得更加清晰。你会感到内心的空间，这种新鲜、生机勃勃的空间会出现在你的身体、意念和能量场中。关键是不要通过自我想象或繁复阐述去观想自己的感受，当它出现和消失时，要直接感受之。余下的东西就是空性，是空性本身带来的觉识。

弟子们曾多次告诉我："我曾试着那么做，但感到更痛苦了。"那就意味着，你是通过另一个痛苦的自我想象进行观想。当你感到更痛苦时，觉识就不会是赤裸的或纯净的。你在感受与痛苦进行微妙交流和对话之自我的另一个层面。一切都没有改变。最重要的是，当你遇到挑战时，要承认深层的静止、寂静和空寂。

如前所述，痛苦是达至内皈依的一个重要途径。当你遇到人生挑战和面对困境时，不要逃避。你会有应对痛苦的一个极好方法，即直接进行观想的最棒慧眼。你会有应对痛苦的神奇方法。“境相即自心”在鼓励我们不要逃避。你的苦能变成大乐。“境相即自心”会帮助我们面对苦身。当你感到苦身时，“境相即自心”会激励你。你需要皈依带来的保护和帮助。如果你把修法视为一种帮助，那么，苦就会变成乐。痛苦会成为一条真正的途径。没有苦，就很难获致正悟正觉。有些微小的痛苦我们甚至都没意识到是苦，实际上，我们称之为“乐”。经常心怀愉悦之感，我们就会认为，不需要寻找其他东西。自我正悟是不会出现的，因为，你看不到那种需要。

当我们认同大乐的对象或轮回之喜时，我们就会认为没有什么问题。我喜欢比萨饼，没有问题。我喜欢巧克力，没有问题。但当不再让我吃比萨饼或我对巧克力过敏时，我就会感到痛苦，那么，我就会去寻找补救办法。于是，痛苦就把你带入寻找解决办法之中。当你不知道该如何理解自我时，特别是在你深陷痛苦时，这就会特别明显。你会说："我感到痛苦。我很伤心。我情绪低落。"正在受苦的自我比痛苦不那么强烈的自我更容易承认这一点。因此，在某种意义上，当你以明显的方式受苦时，就会有更大的优势。

如果感知境相的眼光是另一种苦身的话，那就无法领悟"境相即自心"。如果是赤裸觉识的话，就能够领悟。对我们而言，难点在于，我们这样一种强烈持久的习惯：或留在苦身，或通过我们的各种习惯及苦身的眼光来看待这个世界。赤裸观察的修法十分简单，但我们的习惯既强烈又复杂。当感到痛苦时，常见的放松方式就是与痛苦分离并在你的内心与痛苦之间设置距离。我们不愿承认的是，距离就是问题。距离就是某种感受带来的恐惧制造出来的。只要我们保持着距离，我们就永远不会摆脱痛苦及痛苦带来的恐惧。因此，重要的是要锁定那个人、那种境况、那个客体，并感受到那就是挑战或困难，要承认它就是你的境相。通常，我们靠思索、筹划、推测、自言自语或与他人交谈来应对我们的境相。那是我们惯性的应对方式。我们试图掌握真实情况。由于“境相即自心”，因此为了离苦，我们不想做我们通常做的事情。我们不想以愚钝的眼光去看。我们想用慧眼去看。那是会发生改变的唯一方式。因此，我们需要直接、赤裸、无须思悟、没有距离地观察，并在我们的修持中保持亲近感，不要让我们的内心与自己的感受分离。

领悟“境相即自心”能带来什么好处呢？举一个例子吧。此时，我在看身边的一只茶杯。这是我的一位弟子送给我的，杯子相当可爱。如果我很在意这只茶杯，我就无法清晰地看到自己的内心，因为，我是从一个贪执之处（在这种情况下，就是我的那只茶杯）来看待这个世界的。如果我意识到那一点，意识到我的贪执，那就会让我放手、放松，感到更加心胸开阔。我依然在看这只茶杯，但此时是从空性的角度去看。这是一个普通的例子，但我们生活中这样的时刻常常未经细究，因此，也从未被视为彻底进入自心自然状态的一个机会。用这样的方式清晰地观看三十秒都会对如何与内心及我感受到的世界建立联系产生影响。由于消除了这种简单的贪念，我会感受到一种新型的关系。

当然，在你受苦并观看你的贪恋之物时，如果你回想一下主体（正在受苦的你），你可能会感到孤独、渴求和恐惧。那是你认同的那个人，但它不是真正的你。理解这不是真正的你的唯一方式就是要有所意识，当你意识到感到孤独的那个人，当你在开放的觉识中悦纳那种感受时，你就会感到消除了那种痛苦。深藏于心的是一种恐惧，即如果你失去拥有的一切，就会在你身上发生一些事情。当你感到那种恐惧，同时又感受到内心的静止时，感受内心静止带来的力量就会消除不安感带来的苦身。那种静止是不坏的。那是空间的一种重要的、可感知的特质：不止、不变、不灭、不生。这些特质是自我无法感知的。只有赤裸觉识（慧眼）才能感知到它们。这些是空间的重要特质，觉知它们就会影响我们的自心本性。我们会感受那种不坏的特质。你会感到，“我不会依赖他人的赞赏或关注”，因为，在静止中，生存意识并没有支配你的感受。那就是承认静止是治愈恐惧的明确直接之良药的原因。从根本上来说，恐惧是对变化的恐惧。专注静止就是直接感受内心的不变空间。那就是它是一剂直接良药的原因。你发现了与内心的不变空性的联系并即刻感到摆脱了苦身。苦身是对变化的恐惧，这是很自然的。

当你深深地留在那种不变的特质中时，你就摆脱了对任何结果的贪执。如果这个人这么做，很好。如果这个人不这么做，也很好。这样的信心如何培养出来的呢？要更长时间地留在不变的空间里，信心就会成熟起来。仅此而已。要信任并长期留在那个不变的空间里，信心就会自然出现。当人们更了解长住空性的修法时，那种幸福感就会自然而至。

非正规的“境相即自心”修法

该如何应对你的日常感受呢？专注静止、寂静和空寂带来的内皈依能把“境相即自心”这种药带入日常生活之中。因此，非正规的修法就是服用我们在第一章探讨过的静止之药、寂静之药和空寂之药。

境相会出现在日常生活中的。假设你的老板就是你的那位“名人”。你去上班，实际上每天都能看到他。此时，你的老板不仅仅出现在你的想象中，你也能听到他的声音，看到他，接收他的邮件或接受他的指令。整个一天，当你感到内心被各种境况或限制包围着，感到紧张、不安、愤怒、悲伤和其他情绪时，你要把占据静止带来的那个空间，要把你的专注力引向身体。要与你感受到的一切共处，要感到身的静止。要自检一下：“我感到静止了吗？”随后继续你的一天，做些你需要做的事情，同时要保持与那种静止的联系。如果你这么做，你就会在那种境况下感到得到了保护并消除了你自己的抑郁情绪。当你把专注力引向静止时，你就会感到那种保护和帮助。静止是治愈苦身的一剂药。

再有，如果你的生活在交流对话、内部争斗、内心自语、工作环境中大量的争议或闲言碎语方面牵扯了太多的精力，要把你的专注力引向内心，聆听寂静。要自问一下：“我在聆听寂静吗？我感到那种寂静了吗？我身处那种寂静中了吗？我寂静了吗？……我听到了它，我感受到了它。我是寂静的。”当你感到你“是”那种寂静时，你就摆脱了你内心及身边他人的声音。你摆脱了你内心及你老板的批评之音。这并不意味着，你听不到老板的话！它意味着，你不是从一个令人恐惧、焦虑和愤怒之处在听，你是从深层的寂静在听。你从那个具有创造力和睿智的寂静之处听到得更多，交流得更多。寂静是治愈苦口的一剂药。

觉识带来的空性是治愈苦意的一剂药。或许，在一天的某个时刻，你感到愤怒、嫉妒或压抑。在那一刻，你感觉不到任何空性。你被愤怒、失败感或压抑感所占有。苦意已经示现并占据了你的空间。但你能重新恢复那个空间。如何才能做到呢？只需敞开心扉，让你感受的任何情绪发泄出来。不要抑制愤怒。不要招致更大的愤怒。不要与愤怒讨价还价。要在愤怒中或愤怒四周感到那个空间。有了觉识，你就能达致愤怒感受的中心，向其开放并感受其中及四周的那个空间。那种空性就是治愈苦意的一剂药。

结论：境相即自心

我一直在用“境相即自心”来引导你直接赤裸地感受你正在感受的一切。我很幽默地提到那位名人、那个名境和那个著名的时刻（对你而言，无论那是什么）并鼓励你把你的专注力引向那种感受。

无论困扰你的是什么，也无论你此刻感受到的是什么都是自我想象形成的一种映像、外在表相或现象。重点再次是你该“如何”观想自己的感受。修持训诫是要你直接地、无分别心地、赤裸裸地进行观察。这些都是用来进行描述的一些词汇。

当我直接观想自己的感受时，我不会说，那个客体或那种感受是必要还是不必要的，用来解释我正在做的事情。无须过多地动用评判之心。要保持身体的静止，要保持你内在能量的静止，只需观想自己的感受。这是理解如何进行观察的一种方法。“只去感觉”是另一种表述方法。就正觉而言，其结果是相同的。大圆满法中有这样的一种说法：“赤裸观察，赤裸解脱。”“观察”一词在此的意思是用觉识去感受。你能盯着一朵花而不做任何置评，也没有任何想法吗？你能清晰、生动地观看那朵花而不做任何置评吗？花在你的身外，而愤怒是内心能感受到的，而两者都被称作“境相”，因为过程是相同的，都是不假思索地用觉识直接盯着你的愤怒。有时，你可能在看一个映像（如你老板的脸），你把这个映像与愤怒联系在一起。有时，你会把专注力引向此时出现的愤怒感受本身。你能意识到愤怒本身，但总为愤怒做出解释，或被愤怒激怒而被迫进行思考。“境相即自心”。

要观察自我想象形成的那个客体。你能观察到死亡带来的恐惧，或因缺乏创造力或因一事无成而带来的恐惧。对你意识到的任何恐惧都要进行赤裸观察。在感到愤怒或恐惧之事时，我们通常会虚构太多的故事。“我讨厌恐惧带来的那种感觉。”或者，我们在自言自语时会改变一些说法，如：“哦，我不怕死而是生。”于是，我们改变了一些说法，我们读更多的书，以便弄清是否有人能为我们的痛苦虚构一个更好的故事。我们忙于重新梳理我们思考问题的思路。我们没有去做的事就是让问题依旧如常。要赤裸观察，要赤裸裸地、无分别心地观想。简单地说：要意识到它。“境相即自心”。

当你越来越长时间地有所意识时，愤怒最终就会消失。这非常令人感到惊讶和愉悦。但随后，你可能听到自我思忖：“我在瞎编，我在逃避实际的问题。”这些想法和说法可能十分生动，而事实是，为了生存，自我需要自己的客体。没有客体的主体是无法生存并维持原状。如果没有痛苦或冲突，自我就无法以自己惯性的形式生存下来。那就是你会听到内心的声音在说，“我在瞎编，在逃避实际的问题，因为，我无法面对它”的原因。那就是持续聆听寂静异常重要的原因。要听到寂静，这种修法之力是要你继续保持意识，要意识到那个客体。当你这么做的时候，一切积云都会消散。

当出现那种情况时，你所感到的一切都是自心本身，你会感到自心发光的一面，你会感到正在观看的那个人。只有自心存在，没有任何具象之物，只有自心（正在观看的那个人）存在。通过意识到它而不是为有关客体的说法和想法添油加醋，你就会意识到这一点。“境相即自心”。当你简单、直接、赤裸地有所意识时，客体就会消失。余下的东西相当明亮，因为，自心是明亮发光的。当你意识到它的时候，那个令人苦恼的客体只不过是自心清晰、发光的显现。发现这一点就是一剂神奇之药。

现在，你做好准备进行下一个探讨了吗？探讨的内容：自心是什么？

自心即是空

第五章　自心即是空

我在二十六岁时获得机会离开印度的寺院去周游西藏。我应邀在一座小寺院里讲经传法。我不大情愿去传法，因为我当时年仅二十六岁，而要求我讲经说法的僧人都已年届七十。但他们持续坚请，我只好从命。老僧们极为认真地对待这次机会。他们先把全体村民请进寺院内的一座神殿里，共同参加一个净化仪式[①]。净化仪式结束后，他们把村民送走。随后，他们安排几位僧人把守寺门，只允许老僧们在场聆听我讲经说法。我让他们陈述一下各自修持的心得体会。他们渐渐一一打开了话匣，分享着他们的心得体会。我根据他们每个人所述的东西一一做出了解答。我们结束的时候，一位独眼老僧把我领到禅修大殿的后面。他握住我的一只手告诉我，他曾从西藏德高望重的

① 净化仪式，清除杂质使物体纯洁的仪式。——译者

圆觉大师夏扎·扎西坚赞[1]的后继者那里习得有关自心本性的训诫。他接着说，在其上师圆寂时，他没能澄明这一训教。因此，在他心里留下了一些疑惑。他的泪水顺着脸颊流淌下来，他对我的讲经说法表示感谢。他说："你已经消除了我的疑惑，我知道我的余生该如何进行修持了。"

对这位老僧而言，我的话已指明了其内心的一个非常具体的、不容置疑的地方。他承认其内心的这个自心本性，并已了然了悟。当时，他认为，修持是对他一生的提醒，他知道其修持就是要一遍遍地安住并专注自心本性，直至彻底地把这种了悟融入他全部的人生经历中，无论是睡醒还是睡梦，或是坐着还是躺着。正如这位僧人所述，要极为珍视对自心本性的了悟。

从历史上来看，当弟子动身寻觅象雄耳传教法的上师时，他们的目的是要接受有关自心本性的训诫。他们渴望被指引到内心这个非常单纯的地方。

① 夏扎·扎西坚赞（Shar-rdza bKra-shis-rgyal-mtshan 或 Shardza Tashi Gyaltsen），亦称"夏扎·扎西绛村"，公元 1859—1935 年，康区著名学者，苯教高僧。——译者

这种训教被称作“ngo-tro”，常译为“面授”[①]，而其字面含义是“显露真容”。上师的作用就是让你露出自己的真容，或是把你介绍给自己的内心。那就意味着，那个地方（那个清晰、开放的自心空间）就是你的真容，这就是自心本性。整个过程和了悟非常、非常重要，其重要性超过这种或那种出入息[②]训练法，也超过这种或那种动作技巧。没有什么比识认这个核心之处更重要的了。自心本性就是内飯依诗和达瓦坚赞训教给我们指明的地方。

逐渐了解自己

我曾与一个西方朋友交谈，他也是一位修持多年的禅修者。他说：“我终于开始了解自己了。”我感到很好奇，就问他：“你是什么意思？”他回答说：“在维系了十二年的情感关系后，我和我的伴侣终于决定分手了。现在，我新的恋爱关系已确立几个月了。我发现，我竟然会那么嫉妒！我从不知道我

① 面授（Ngo-tro），直译为“当面”。——译者
② 出入息，呼吸之意。——译者

是个嫉妒成性的人。发现自己这一点真令人感到惊讶。”当我在倾听时，我深感好奇，一个人在接触并更加了解自己的苦身时，怎能会认为在逐渐了解自己呢？他怎能认为这是在逐渐了解自己呢？我意识到，这就是当人们说逐渐了解自己时常常表达出的意思。他们说的是更了解自己的痛苦或苦身。那等于在告诉我，达瓦坚赞“自心即是空”这句偈颂的核心寓意和治愈功能并未得到广泛的赞许或领悟。如果你最终意识到你是个嫉妒成性的人也不要过于激动，你是在错误的地方得出的结论。你必须再行一步，要看得更深，以获得那个苦身（那个痛苦身份）的真相。苦身真实存在吗？并不存在，它不会以其显现的方式存在。如果你直接密切地、不受有分别心的干扰进行观想的话，你会发现，苦身本不存在。意识到这一点就是解脱。当我们说“我意识到自己是个嫉妒成性的人”时，为什么我们会轻易地感觉到我们已揭示出一个更真实的自我呢？我们并不认识意识到这一点的那个人。我们没有直接地观想已得出这个结论的那个人。如果你能意识到“那个”自我，主体和客体都会消失。当你感到那个主体消失时，那么，如果你想说，你就能说你开始了解自己。你开始了解你那个“真正”的无限、不灭的自我。

因此，我谈及了一个大话题。当然，我是以一种简单明了的方式在阐述苦身。重要的是要尊重那个世俗的自我，因为，那是你内心转化的途径。尽管你不是自己的苦身，但当你更深层地专注自己的苦身时，对你是苦身的这种误解的治疗才会开始，这就像专注嫉妒的那位禅修者一样。它能是一段你想与他人分享的感人经历。尽管那并不足以说明你的真实身份，但它能成为开始治疗的第一步。我们经常不让内心更好地了解自己的痛苦，或让它充分感受痛苦。我们可能会感到某种文化压力是成功的、令人振奋的或充满生机的。你应该感到快乐。但你真的快乐吗？其他人似乎都为某件事而激动，因此，你面带微笑，欢蹦乱跳，加入了快乐的阴谋中。如果情况如此，那么，发现苦身可能会比加入快乐的阴谋更为真实，这种快乐的阴谋会让你更加远离内心。达瓦坚赞会再次引领我们更加赤裸裸地观想。痛苦是你获致更深邃了悟的一条途径或一个入口，因此，让我们继续探讨一下那是如何发生的吧。

达瓦坚赞第二行偈颂是“自心即是空”。我们说的“自心”指的是什么呢？“空”指的是什么呢？自心是编造或形成自我想象（境相）的那个人。“自心”是一切故事的编纂者。通常，我们感觉不到自心是清净、开放、空空如也或无有造作的。因为，我们更关注占有自心的那些东西，即感受或故事。我们没有意识到，当自心布满惑障时，它就会受到限制、约束或阻障。因此，重要的是要找到自心是空的、清净和发光的这种感受。那就是修念第二行偈颂的目的。

通过修念达瓦坚赞第一行偈颂“境相即自心”，我们意识到，任何东西都不会出现在我们固化或具象的感受中。无论你感受到什么，它不过是你的自心。那个自心是什么呢？弄清的方式不是知性地提问、解读、评判或思考，而是要通过无分别心觉识（赤裸觉识、空性和直接观察）去弄清。此时，要向内观想主体，而不要像我们开始研究观想境相那样向外观想客体。当你直接地把专注力引向内心时，要自问一下：自心是什么？它是什么样子？它有形有色吗？或它在一个特殊的地方吗？请闭上双眼，以开放的赤裸觉识走得越来越近。当你走近时，自心也会消失。它失去了自己的固性或具象性。它遇到的任何阻障、恐惧、愤怒或嫉妒等负面情绪都会消失。这怎么可能呢？自心消失了，因为，没有想象或持续的自我对话，自心本身是无法存在的。当你赤裸观察时，你不是从聪明的自我的角度进行交谈或评论。当你用开放的觉识赤裸观想时，你观察到的东西就会消失。你实际感受到的是它消失在广阔空间里。什么也不剩。我们使用“空性”代表那种感受。“自心即是空”。它十分清晰明了。因此，由于修持的结果，你会感到深层释放了那种痛苦、那种情绪和那种阻障。

当你承认“境相即自心”时，你会产生一种深层释放之感。你过去认为真实存在的东西（客体）并不是以你感受的方式存在着。因为你了悟了“境相即自心”，所以，百分之五十没有了。因为你了悟了第二行偈颂“自心即是空”，所以，你认定为“我”的主体也不存在了。另一个百分之五十也消失了。结果，你会感到内心极大的解脱和释放。

尤其对那些不习惯观想自心的人而言，另一个自我可能正在观想是一件棘手之事。你不是从一个开放之处进行观想，而可能是通过聪明的自我的眼睛进行观想。你不是从一个深邃的寂静之处进行观察，那里会有一场对话，一种让人感到更加微妙、更加精明的声音，但它依然是自我发出的声音。观想自己自心的方式并不能使你发现自心周围和其中的空寂特质。你依然在以一种受限的、有条件的感觉观想自心。你观想自心，但正在观想的那个自心并没有那种空寂之感。此时，把觉识引向观察者而不是客体是会有帮助的。什么能够帮助你能更加赤裸地意识到那个观察者呢？记住静止、寂静和空寂三个词。要感到身体的静止，要听到内心的寂静，要识认自心的空寂，要观想那个自心。自心立刻就会感到空空如也。那就是“自心即是空”的含义。

这种修法的好处是让你感到了解脱。“我不是这个痛苦。我不是这个冲突。我明白了，我心胸开阔了。”那种开放性被称作“空性”。“自心即是空”。

什么是达瓦坚赞描述为空的那个自心呢？它就是自我。用苦身、苦口、苦意三种方式描述自我很有用，因为，我们是通过这三门感受到痛苦的。每扇门都是空的。三扇门就是那个自心，就是“自心即是空”。当自心摆脱苦身、苦口、苦意时，你就能了悟“自心即是空”。“空”意味着清净、开放和无拘无束。因此，通过修持就能获致大乐之身、大乐之口和大乐之意。

“空性”在理论和哲学上的定义是“无固有的存在”。我们此时进行的是感知方面而非知性方面的谈论。那就意味着，一个人的自我就是苦身、苦口、苦意的制造者。当我们意识到，自我想象不仅仅是虚幻的，而且自我本身也与我们过去认为的那样并不存在时，我们就会变得清净自在。

为了了悟“境相即自心”和“自心即是空”，有必要以一种独特的方式观察苦身、苦口和苦意。那是关键所在。正在观察的那个自心就是意识到那个苦身、那个苦声、那个苦意的赤裸觉识。你可能会说：“哦，我知道我有苦身、苦口和苦意。”那种觉明不会摆脱任何东西。那是一种想法，是一种概念上的觉明，而并非赤裸觉明。因此，“赤裸”一词的定义是“没穿衣服”，因此，“赤裸觉明”指的是没有披着概念和想法的外衣。当概念和想法没有阻障自心时，会剩下什么呢？剩下的是纯觉识。在大圆满法中，那种觉识被称作“明”（Rig-pa）[①]。这个藏文词汇指的是意识到空性本身的俱生的觉识。这种觉识不是源于外部，实际上，它既不源于外部也不源自内心，而是源自觉识本身。

觉明不是从内外或内部观察自我的一个观察者。成为观察者的那个自心依然是自我。摆脱自我桎梏的唯一方式就是要赤裸意识到。正在观察的自我认为，这是最后，也是最美的未知的自我。即便这个“自我”是用金色小体书写并环绕着虹光，它依然是自我。自我不能亲见自己的葬礼。一切心力都会消失进入赤裸的纯觉识带来的广阔空间。它是意识本身。当你直接观想“正在观察的自心”时，它就会消失进入广阔、发光的空间。因此，要观想主体，而不要想方设法意识到自我带来的客体。要意识到受到烦扰的自心。要意识到深感恐惧的自心，要意

① 明（Rig-pa），亦称“意识”、心和知。明见证知各自外境，如自证、悟他等。——译者

识到深感不安的自心。要意识到有所意识的自心。当那种觉明（或赤裸觉识）看到苦身、苦口和苦意时，就解脱了痛苦。要通过开放的赤裸觉识带来的力量解脱痛苦。同样，这种觉识不是概念上的。如果你在观想痛苦之心，而它没有成为大乐之心的话，你就不是以正确的自心进行观想。你必须意识到正在观察的那个自心。知道你在观察“什么”并不重要，更重要的是要专注正确的观察者。“谁”在观察而不是观察到了“什么”是关键所在。

为了用另一种方式加以表述，我们举出名人一例对如何渐悟“境相即自心”进行探讨。当你赤裸观想那边那位具体名人时，你不会发现任何具象的东西。相反，你的确会发现一个具象的、有名的东西深藏于内心。你成了藏于内心的那位名人。你会经常看到并注意到痛苦就在你的心中、想法、梦境和潜意识中。当通过修持你感到你痛苦的根由不再像你以前认为的那样“在身外”时，“你”会更加全情投入。因此，你需要继续踏上内心之旅以探究你（那个自我）是否固化具象。你的自我就是那位名人。谁是编撰这些故事的高手呢？如果你想得出一个答案，就继续观想吧！

“自心即是空”的指导性修法

我归纳了以下禅修训教以帮助你了悟“自心即是空”。

以舒适的姿势坐下。把专注力引向内心。要归向身的静止、口的寂静和意的空寂。要归向静止、寂静和空寂，同时，要感到与之的联系并全情投入在你的身体上。为此要花些时间。

要把一次内心挑战或一个内心境相引向觉识。当你这么做产生了某种感觉时，要直接观察那个境相。要赤裸观想那个境相，要近距离地观想，直至你离它极为接近，它会消失进入一片开放的晴空。为此要花些时间。

此时，要观想一下观察那种消失的自心。要看一下谁在观想。谁是那个自心？那个自心在哪里？要直接地、赤裸地、不加评判或解读地进行观想。当你观想得越来越近并试图找出那个观察者时，你不会在那里找到具象的自心，什么都不会看到。为此要花些时间。当你继续进行赤裸观想时，对具象自心或具体观察者的任何感觉都会消失进入空间，成为空。要感受这个广阔的无限空间，要意识到并专注空性，自心就是那种空寂的感觉。要意识到那个无限空间，要安住那个无限空间带来的觉识中，无须付出任何心力或进行繁复的阐述。“自心即是空”。

非正规的“自心即是空”修法

如何在我们的日常生活中使用非正规“自心即是空”的修法呢？其方法与我们正规的“境相即自心”的修法十分相似。此时，你面对的不是外部境况或人际关系而是你内心的挑战。你自己的苦身成了焦点。你受到了你自己的内心之声和内在情绪的挑战。有时，你很愤怒，却不清楚愤怒的原因；你感到抑郁，但找不出抑郁的原因。有时，在面对外部世界的挑战时，你会产生一种孤独感和疏离感。这些挑战带着各种需求、压力和刺激向你轮番轰炸。

以日常生活中的苦身为例。在西方，朝九晚五工作的人们与星期一有着十分有趣的关系。它造成了我所称的“周一清晨的脸”，通常它会与“周五下午的脸”形成鲜明的对照。两者之间差异极大。如果你观察人们的脸，你会看到周一清晨的脸更加呆板、僵硬，或许还带有一丝的忧伤或被疏离之感。与此相反，周五下午的脸常常是令人愉悦、欢快的。因此，我们能把特定时刻的觉识带入这张脸或这种身份感上。不管是周一还是周五，我都在那种忧伤或被人疏离的情绪中吗？我是坐在一块破旧的禅修坐垫上吗？要意识到那一点。当我意识到那一点时，我就摆脱了那个苦身。

在第一章里，我们谈到服用白色、红色和蓝色三片药。白色药片是静止之药，与身有关；红色药片是寂静之药，与口有关；蓝色药片是空寂之药，与意有关。我愿重述这一过程，因为，我认为，记住这些根本修法是绝对必要的。首先，必须记住要意识到内心。或许，你的身体僵硬，你的面部紧绷。这是显而易见的，也容易意识到。你的身体尚未松弛。你能感到你的表情就是周一清晨的那张脸。你意识到你的苦身。当你专注静止时，你会感到面部和身体的放松。当你这么做时，你也就放松了自我的紧张感。这种紧张感实际就是苦身。你会感到身体更加松弛，呼吸更加顺畅，此刻你的身份更加完整。那就是白色药片。要记住服用它。

我们该如何理解和修应苦口呢？我的一个弟子告诉我，在白天，他并不担心死亡，但在睡眠中，他常因想到死亡而在凌晨三点钟惊醒。他的自心异常活跃，喋喋不休，对死亡忧心忡忡。显然，他需要服用寂静之药。他需要一片红色药片。首先，重要的是要有所意识而不要继续进行内心对话，要认为你会找到解决两难的一种办法。不要进行另一场自我对话。此时真正的药物就是听到寂静。要有所意识并敞开心扉，并把专注力引向那个声音。不要与那个声音纠缠不休，而要在觉识空间里悦纳那个声音。要逐渐走进那个声音并感受声音中及其四周的寂静。当你听到寂静时，那个声音就会减弱并消失。你会慢慢地重新入睡或重返你日常的活动中。但要记住每当那些声音活跃时该做什么：要听到寂静。这样，你就是在服用红色药片。

每当各种想法及愤怒、嫉妒或傲慢等情绪活跃起来时，服用第三种药片十分重要。每当这类想法活跃起来时，你就是在编撰一些故事，也很少能意识到空间。要意识到空间，要靠把握你想法和情绪中及四周的那个觉识来服用蓝色药片。当你感到你的想法四周及其中的空性时，这些想法就会弱化。它们曾滋养过自我，但现在它也消失不见了。当你感到那种空间开放时，你就已服用了蓝色的空寂之药。

要服用白色、红色或蓝色药片，它们与你正面临的各种挑战有关。为了应对各种挑战，重要的是要做出一个承诺："我会一天五次想起静止、寂静和空寂。"如果在清晨你虔信地坐禅，而在一天的其他时间却忘记有所意识的话，那就不会有效。对承诺自己会一天都记得内皈依真的可以帮助保护你。当你需要保护时，你都会通过归向静止、寂静和空寂找到它。

结论："自心即是空"

无论你编造出什么感受，你都要赤裸地、直接地进行观察。观察后，你会意识到什么都不存在。如果觉识的对象不再具象存在的话，你就能从达瓦坚赞的第一偈颂获益匪浅。"境相即自心"。剩下的就是正在编造它的那个自心。当你赤裸观察却什么都没有发现时，它就会把你引向自心本身。你能会更好地专注那个自心（那个自我）。第二个问题是：什么是自心。要以同样的方式（开放的赤裸觉识）观察自心。要意识到苦身、苦口和苦意。当你意识到那一点时，苦身、苦口和苦意就会消失。你会发现什么呢？你会发现那个清净、开放、发光的空间。我们把这个空间称作“空”。“自心即是空”。那就是第二行偈颂给出的结论。

大圆满法中有这样一个比喻：一个贼溜进了一所房子去偷东西，结果发现房内空空如也，没有什么东西可偷。“自心即是空”。因此，当你非常清晰地观想那个自心时，什么也不会有。当你直接观想自心却什么都没有找到时，如果你深感失望，自我会依然存在。你什么也没有找到，各种想法和故事会蜂拥而至，这是因为那不可能是正确的结论。那意味着对空性缺乏清晰的认识。如果你对那个空性产生了清晰的认识，那就是解脱。达瓦坚赞训教就是要承认和尊重你发现的东西：自心即是空。

根据传统，寻找那种空性常以一个孩童的形象来表述。在一个拥挤的市场里，小孩和妈妈走散了。

在寻找之后，他（她）终于找到了妈妈。随后又会发生什么呢？你会找到了一种联系及一种深层的熟识感。专注自心清晰、开放的空间就是如此。根据传统，自心的清晰、开放空间指的是“妈妈”。识认妈妈的自心或觉识被称作“儿子”（小孩）。在本然心中，它们是不可分的。当你承认它们的和合时，修持正果就是一种动态能量，可被视为善行特质的自在的表现形式。感受到这一点就像认为自己一贫如洗却突然发现自己一直十分富有一样。你的自我、你的苦身、苦口和苦意及你的被疏离感和无归属感都成了一扇门，通过这扇门，你会邂逅圣贤、神明、你的真我并认识到你此刻完满如初。明白这一点后，当你看到“自心即是空”时，要保持那种认识。禅修就是要与那种空性带来的觉识共处。那就是禅悟正觉，也是第二行偈颂“自心即是空”对你的勉励。

空性即明光

第六章　空性即明光

“自心即是空”教导我们，我们无法找到一个固化的、俱生的自心。当我们以赤裸觉识向内观想时，我们会发现空性。很多人把“空性”比作“虚无”[①]。在感到空性时，人们常会感到一种失落或恐惧。对一些人而言，苦身是他们的身份，苦身也会以一种奇特的方式帮助他们。通过痛苦，人们结交朋友，也会从同样感受痛苦的人那里感到获得了帮助。因此，当发现自己的身份不是固有存在时，一个全新的空间就会打开，这个空间会弥漫着一种失落感，空性变现为缺乏。恐惧之感可能会伴随着这种失落。由此得出自心即是空的结论是错误的。这是虚无主义的谬误，也是一种悲观的推论，认为空间是空的，

① 虚无，作为一切法存在的处所的空间，其特征是无碍与无障。不由因缘和合而作成。——译者

因此会空无一物。

空的自心并不是“空无一物”。空性就是一切。空性是完满的。空性是完整的。藏文“佐钦”（rDzogs-chen）本身就有“大圆满”之意。在这种空性中，在这个空间里，一切都是自然完满的。有喜，有爱，有慈悲之心、有宽宥之意，还有信心。你能指出的任何一种特质都会在空性中完整示现。需要长期意识才能使空性带来的感受得到滋育，达到成熟，这是有关了解度的问题。

因此，达瓦坚赞第三行偈颂“空性即明光”就是对修法之道的一种激励。它表示，空性不是空空荡荡、空无一物。它是明光，是一切特质之源。达瓦坚赞的训诫可以使你免于坠入虚无主义的否认和绝望中，会激励修持者花些时间去意识并专注随时出现的无限可能性。

我们一直在应对那位“名人”、那个境相或那个客体。我们已经发现它们不像我们曾经认为的那样存于身外。于是，我们继续探究以发现在主体（观察者）身上也不存在固性。由于这种探究的结果，我们感受到一个清晰、开放的空间。此时，我们会继续禅修以探究与内心的清净空间的关系。我们会舒适地打坐，把我们的专注力引向内心。我在以同样的赤裸觉识进行观想，我敞开了心扉并意识到空性。我充分意识到那种空性。如果你自我评判的话，你会说："哦，我明白了。"那是一种思维活动，而那种思维并不能充分理解这个空间。无须顺从任何思维想法，只需意识到空性。意识本身就是明光。

当明光向外射散时，就有可能看到各种光和境相。人们的确会在梦境、睡眠和冥修中感受到明光。在濒临死亡时，或是根据教法之说，在中阴阶段①，人们也会看到与内心觉识有关的这些光。然而，当我们谈到明光时，它会示现，其真正的含义是纯觉识，即空性觉识带来的明光、生命力和温暖。

重要的是要充分意识到曾被我们的境相和痛苦身份占有的那个空间，那是重点所在。在精神疗法中，有时目的看似是要通过反思、解读和思索来理

① 中阴（Bar-do），亦称"中有"。前身已弃，后身未得。即死后未投身中间。——译者

解和解决冲突和痛苦，这是一个相当艰巨的任务。但当人们能够用这些方法消除痛苦时，就有可能得出结论：“好吧，现在我明白了。我完全理解了我个人的内心冲突。现在我不会再让这个问题困扰我了。我能够继续其他事情了，我已准备迎接下一次的挑战。”根据教法之说，那种态度是错误的，因为这还远远不够。对“缺少问题”的培养是精神疗法中欠缺的东西。在大多数形式的精神疗法中，我们没有意识到已被问题占有或阻碍的那个空间，也没有学会通过进一步的关注来培养之。空间带来的觉识没有被认为十分重要，因此，我们并不了解它。

在疗治过程中，当人们能够解决苦身、苦口或苦意时，那只是旅程的一半。只是禅修功业的一半。要想真正成熟为人，就需要进行另一半的疗治。根据这些教法的说法，当你培育或保持空间带来的觉识时，就会造成另一半的成熟。那就是以正确的哲学观领悟“空性即明光”十分重要的原因，这样就可以避免陷入一种极端的境地（虚无主义的观点，即消极意义的“虚无”）。以实际体验（遵循离苦之道）理解“空性即明光”也十分重要。即便我们的痛苦看似已经终结，但我们不要停止疗治，而是要继续不断地意识到觉识本身。这种觉识之光就是认定为空性的东西。那就是“空性即明光”为第三行偈颂的原因。

明光就是俱生的觉识（自我觉识）。在应对一个具体的境况并直接赤裸地进行观察时，我们会发现，那位名人或那个名境并不在身外，而是自心创造出来的东西。“境相即自心”。随后，我们要观察自心并发现这位名人也不在内心。“自心即是空”。当我们不了解不存在的东西时，我们就会得出什么都没有的结论。但空性是满盈的。意识到空性的满盈就是感受到了“空性即明光”。意识到那种空性、感受那种空性、感到与那种空性的联系、“成为”那种空性就是被称为明光的东西。强调这一点十分重要，否则的话，人们会很轻易地失去与觉识的联系。

正如我们已探讨的那样，当我们的苦身、苦口和苦意活跃起来的时候，我们会感知“外在的”各种问题和纷争，因为，我们的自心（应对各种问题的那位内心名人）在外面异常活跃。这种外在的关注会继续滋养浑浑噩噩的自我。通过这些修持，外面的那位名人或那个名境都会消失，随后，关注点转移了，内心讲故事的那个人会消失，直至再无需要应对之事。你依然一无所有，但不是令人消沉之意义上的“一无所有”，它是充盈的空性。在你消除了那位外在和内心的名人后，了解并意识到那种空性异常重要。

天空、云彩和太阳图像描绘了我们一直探究的那个疗治过程。在我们的内心里，我们有空性（天空）。我们的想法或情绪就像云彩，无论是轻柔的云团还是积云，它们都遮蔽了天空。太阳代表觉识带来的光和温暖。因此，通过这种觉识修法，我们就能驱散各种想法、情绪、感知和记忆的积云，这一切组构成内心和外在那位的名人。通过赤裸观察方法，我们能再次驱散这些积云。我们赤裸观察各种想法、情绪、感知和记忆，我们赤裸观察正在观察的那个人。余下的就是晴空。在内心天空带来的无障澄明中，阳光会在空间自然弥散。因此，阳光就是觉识带来的那个明光。这是可以看得到的，因为，积云被驱散了，各种想法和思索之人都消失了。

许多人既要应对自己内心的积云又担心积云会

再次涌来。当积云出现时，他们陷入了应对积云的困顿中。而当积云消散时，他们却又想念它们！因此，他们永远不可能充分享受晴空。一次，我给一群人传授一种绝妙的苯教修法（天空凝视法）。在修该法时，我们要凝视实际的天空，以帮助我们专注我们广阔的本然心。有一个人举手说："我正在凝视天空，我该看到什么呢？我什么都没看见。"当时，我们都在凝视这片令人难以置信的广阔蓝天，而他却说"我什么都没看见"。他只是了解那片云团，而不了解澄明本身。因此，他需要意识到他"正在"看它。光就是要看到广阔（空性带来的觉识）。同理，当我们向内观想却什么都没有发现时，我们可能会得出空无一物的结论。这是非常大的一个谬误。重要的是要意识到那种空性的存在，而不是缺失。那种空性带来的觉识可被认为是一种味道。有时，它被称作有"空性的味道"。

赢得彩票的感受是我举的另外一例，以此说明空性带来的觉识的力量无处不在。这是一个积极正面的例子，我们许多人至少不止一次有过赢得百万美元彩票这样的奇思妙想。想象一下吧！总有人会赢得彩票，为什么不是你呢？因此，当你赢得彩票时，你清晰地产生愉悦之感。比如说，在感到愉悦时，你心爱的老牌丰田轿车坏了。你正驱车行驶在高速公路上，它突然抛锚了。你听到一声巨响，于是想把车开到路边，把车停下来。你感到伤心，因为你的旧车就要报废了，但当你意识到已完全准备好更换一辆很棒的新车时，从内心深处也会涌起一丝愉悦之感。现在恰逢其时！赢得彩票的愉悦之感会通过失去汽车的悲伤感体现出来。在赢得彩票后，你会以心怀赢得彩票的愉悦之感去工作、聚餐、入睡，而这种愉悦之感会渗入所有这些经历中，致使失去汽车都弥散着这种快乐。当你感受到空性带来的广阔觉识时，也会出现同样的情况。空性带来的味道会渗入你的一切经历之中，无论经历是好是坏。

澄明不仅是要意识到那个空间，也要意识到生成于那个空间的各种感受。例如，喜乐能自发生成。甚至在那种喜乐中，觉识也会存在。因此，产生那种觉识是非常重要的。教法会引导我们意识到那个空间，感受那个空间。我们能意识到、感受到并专注那个空间就是在悦纳它。那就是我们论及“空性即明光”时所指的东西。

“空性即明光”的指导性修法

我归纳了以下禅修训诫以帮助你领悟“空性即明光”。

以舒适的姿势坐下。把专注力引向内心。要感到身的静止、口的寂静和意的空寂。要归向静止、寂静和空寂，同时要感到与它们建立了联系并要全情投入在你的身体上。为此要花些时间。

无论你一直应对的是什么境相，还是你此时感到境相是什么，都要再次地把它们引向觉识。“境相即自心”。要直接、赤裸地观想，要观想得越来越近，直至你境相带来的积云消失并展露出一片开阔的天空。要产生一种广阔感和空性感。要承认并意识到那种空性。为此要花些时间。

此时，要观想一下谁在观想，谁在观察。要向内观想。要观想得更近一些，要赤裸地清晰观想、无须任何解读。要观想得越来越近，越来越近，直至那个观察者消失不见。这片内心之云（这个观察者）会消失在内心空间。“自心即是空”。要花些时间去感受这一点。

当观察者消失时，要意识到那个无限的内在空间并保持对它的专注。要感受那个无限空间宛如一片广阔、荒漠的天空，它如此广袤，无边无际。“空性即明光”。

当你继续感受那个广阔的、无限的空间时，就会有机会逐渐失去你对那个空间的觉识，因此，要意识到那一点并更新空性带来的觉识感受。它绝不是“空”的，它是明光。在那个广阔空间里，有发光的觉识。那种觉识既生动活跃又十分新鲜。当你感受到广阔无限的空间时，要意识到那种觉识。

第三阶段修持的重点是要“意识”到那个无限空间带来的“觉识”。要继续安住那个无限空间。要继续意识到那个无限空间带来的觉识，而不要迷失或坠入那个广阔的空间里。那是第三阶段修持的重点。要安住那个无限空间带来的觉识，无须付出心力或繁复的阐述。“空性即明光”。

非正规的“空性即明光”修法

什么是非正规的“空性即明光”修法呢？首先，要记住“境相即自心”和“自心即是空”这前两行偈颂带来的成就。当你面对外部挑战时，要把“境相即自心”引向自心。你马上就会意识到，你面对的是一个内心挑战。当你觉察并意识到那一点时，就会感到随时出现的空性。一旦你感觉到这种空性，就要信任它，要继续全身心地投入并意识到它。要记住并承认意识到那种空性的重要性。你可能会产生这样一种常见的感觉：“好了，我与老板相处时能放开一点儿了，现在我可以去做自己的事了。”不要就此打住。要继续感受空性，直到那种内心认可生出一种温暖、感激的感觉，因为，你已重新专注内心空间了，并专注随时出现的养分。关键是要明白“意识”到空性的重要性。要全身心地投入，要感受作为修持结果出现的那种温暖。

如达瓦坚赞及其他大圆满大师所述，了解自己的方法不是避免各种感受。在一些宗教派别里，人们要避免或摈弃某些感受。我们要避免毒害我们的东西。此处我们并非鼓励去摈弃感受，而是要把赤裸直接的觉识引向感受。那样，任何感受都会成为一扇门。强烈情绪是一扇门。你不能阻止或控制情绪。你能抑制情绪，但这不会有好的结果，因为，任何受到抑制的东西都不会自行消失。我们会得到引导进行直接观想。从根本上来说，要向你感受中出现东西问候、握手、打招呼。当你赤裸观想情绪时，无论它多么强烈，觉识会比它更为强大。无论负面痛苦有多么强烈，当我们直接应对时，感受中生成的东西都要弱于觉识本身。

觉识不是一种信仰、一个口号或一种断论。我们很难相信，恐惧、愤怒或嫉妒均可靠观察它而消失。你可能正在想："难道我不需要一件火力更强的武器或一种更复杂的技巧吗？"当情绪过于强烈时，甚至有可能很难理解赤裸觉识本身，更不用说理解靠观察情绪就能让它消失了。在你观察之前，这似乎是不大可能的。要以赤裸觉识进行观察，不要以疑惑之心进行观察，疑惑之心正在说："这是不可能的"。最有可能的是，如果你说这是不可能，那你就是在以一种恐惧或疑惑之心在观察你的愤怒。因此，观察者非常重要。观察者必须心怀坦荡。如果你赤裸观察，赤裸觉识就会出现。当赤裸觉识出现时，你要再次相信这是可能的。当你产生信任时，当人生出现各种挑战时，你都有可能运用赤裸觉识。这是日常生活中真正融合的开始。你会去这么做，因为，你知道这会有所帮助。你知道这会有所帮助，因为，当你直接赤裸地感受苦身、苦口和苦意时，你已亲证了它们的消失。因此，当出现挑战时，当你记得通过静止、寂静、空寂三扇门之一获致内心皈依时，重要的是要相信自己。

无论你漫步在一个美丽的公园里还是在一个拥挤的购物中心，都要走在空性带来的觉识中。如果你在邮局排队，要站在那里悦纳无限空间带来的那种觉识。乘坐公共汽车时，要坐在开放的觉识中。在睡觉之前，要把开放的觉识引入内心并安住于此。留住开放的觉识会影响你的下一次对话、一天的活动、你的梦境和睡眠。那种觉识就是一剂强效良药。在整个白天夜晚的各种活动中，记住开放的觉识，你的人生就会多姿多彩。

结论："空性即明光"

偈颂中的每一行都是相互关联的。当我们了悟第一行后，就会自然地联想到第二行，以此类推。重要的是要承认这些联系正出现在你自己的感受中。因此，当你打坐禅修时，在同一时段解决同一个问题或同一个挑战并把同一位名人或同一个名境引向自心可能会十分有益。要坚持这么做，直到你能看到一种转变，并注意到通过各个阶段获得的进展。假设我在内心深处感到恐惧，我会表现出愤怒，并把怒气发泄在某人身上，并会看到在外面的一位名人。通过修第一偈颂"境相即自心"获得的力量，我不会再感到干扰我的这股力量来自身外。由于有赤裸觉识，当我了悟了"自心即是空"时，我就会看到那位名人（即我本人和我的自心）不再具象。一切都消失进入"空性即明光"之中。在这种空性中，一切都存在。一切明觉或特质之源都在这个空性中。我让我的专注力休息一下。只要有机会，我都会意识到那个空间，把它视为滋养我内心的那个空间。如同阳光滋润花朵一样，那种觉识也滋养了我。那个"我"不再是痛苦的我，而是空性的我，大乐的我。因为我更了解痛苦身份、苦口和苦意，当我感受到空性时，我必须提醒自己去承认它。觉识是强大的，但我对觉识的认识及我与它的联系却十分脆弱，因此，积蓄力量并了解此时空性带来的觉识十分重要。那就是我们在第三阶段修“空性即明光”时在做的事情。

安住、消失、持续：保持觉识的训诫

很多人认为，很难保持他们在修持中获得的成果。如果你获得了某个空间，保持空间也很困难。如果你专注静止，保持静止也很困难。如何才能保持呢？修持训诫是“安住、消失、持续”。“安住”的意思是通过静止、寂静和空寂三门进入并安住开放的觉识。“消失”意味着，当苦身示显时，要赤裸观察。如苦声在纷扰你，要直接观察苦口；如苦意在纷扰你，要观察苦意。当你赤裸直接地进行观察时，你观察到的任何东西都会消失。

有三个比喻可用来说明专注“消失”时你所付心力的程度。当你修持明确时，就有可能感到苦身、苦口和苦意如雪花落入大海般地消失了。安住的感

觉如此深广，以至于自心生成的一些东西会如雪花融入大海般地消失殆尽。当你的安住修持不太明确时，就必须付出一些心力，因为，认同苦身、苦口和苦意的惯性依然存在。这种心力可比做阳光洒照在窗玻璃上的白霜。白霜（我们痛苦明显的具象形式）会在我们赤裸觉识带来的阳光中消融。第三个比喻指的是，在明确一种修持法时，我们可能会感受到一些东西。这个比喻描述了与我们的苦身、苦口和苦意最需要付出心力的一种关系，因为，我们倾向于把自心生成的东西视为“我”或“我的身份”，而这种倾向十分强烈。我们会很轻易地被思维和繁缛的详述引向他处。这种心力需要动用心思，实际上，你在感受痛苦。在你意识到痛苦时，需要力量和精准度才能把专注力直接引向静止、寂静或空寂上，就像捶打钉头或穿针一样，努力的程度都体现在专注度上。

当你观察的东西消失时，要继续保持同一状态，即要意识到空性带来的觉识。我们多数人需要多次进行安住和消失的修持才能获得一种持续感。一旦你对消失的感觉更加了解时，就要继续下去。当你掌握了这种修法后，消失就会逐渐地轻松起来。最终，你只需安住开放的觉识。你需要消失的东西就会越来越少，因为，在开放的觉识中你愈发稳定。随着时间的推移，你的修持会变得成熟和轻松自如起来。

明光即和合

第七章　明光即和合

我们需要缜密地探讨达瓦坚赞偈颂中“明”和“光”这两个词。“明”指的是空性，“光”是指觉识或意识到那种空性。在以天空、积云和太阳为例时，“明”指的是天空，“光”指的是“阳光”。“明”一词意指“消除”。在这种情况下，从经验上看，由于赤裸观察内心和外在的那位名人，你就消除了苦身、苦口和苦意，因此，在这一刻我们感到了空性。因此，“明”指的就是那种空性（你曾感知到的被苦身、苦口和苦意障蔽的空性），而“光”是指那种空性带来的觉识。

从经验上看，当贪执心及贪执之物消失时，你会感到“空无一物”，可能会得出什么都不存在的结论，这是虚无主义的谬论。解药就是要领悟“空性即明光”。但你有可能跌入另一个极端，即世界永恒论[①]中。由于我们一直在修前三行偈颂，因此，我们始终会感到苦身、苦口和苦意的消失。找到内心的清净空间并承认那个空间带来的觉识就像阳光弥洒在一片晴朗、开放的天空。一旦你感受到这一点，就会产生对这种感受的贪执之心。你会说："哦。这种感觉太棒了！这就是大空！这就是大乐！我希望它永存！我要把它赠予他人！这是我赠予他人的一件礼物！"而与此同时，你已经因对它的贪执而失去了那种感受。这么做时，你就失去了与本根、根基、空间、母亲和本质的联系。当你失去联系时，你开始视为大乐和光的东西都会再次变成痛苦。你只是短暂的一瞥，你抓住了它，而后又失去了它。"哦，我曾有过如此美妙、安逸、愉悦的感觉！"这种感觉维持了多久？通常都会十分短暂。为什么会如此短暂呢？因为，你已经控制空性与觉识的不可分状态但并没有理解它。在陷入永恒不灭论之陷阱后，你的贪执之心就会油然生起。在陷入了虚无主

① 世界永恒论，世界永恒论的学说。相信世界永恒，相信有一个超越物质的世界或超越物质的领域。——译者

义之后，你会产生空无一物的感觉。因此，在修第四行偈颂时，重要的是不要陷入任何一个极端。达瓦坚赞的训诫是“明光即和合”。

明与光是和合的。天空与阳光是和合的。空间与觉识是和合的。空性与觉识是和合的。空性与澄明是和合的。天空与阳光是不可分的。空间与光是不可分的。空性与觉识是不可分的。重要的是要感受它而不是与之分离，因此，要安住空性与澄明的那种不可分状态。从哲学上来看，此时的重点是空间性与觉识、主体与客体、物质与精神的不可分性。因此，你要安住空性与觉识的不可分状态。“明光即和合”是个关键。

在个人层面上，这意味着什么呢？或许，你一直在按照本书的修持训诫解决一个具体问题、应对一个具体的外在表相或一个具体的对象。了悟了“境相即自心”后，你会发现，当你把赤裸觉识引入自己的感受时，具体的客体或外在表相就会消失。了悟了“自心即是空”后，主体消失了。了悟了“空性即明光”后，要强调那种空性带来的觉识。了悟了“明光即和合”后，修持指导就是要感受觉识与空性的不可分性。

让我们再把这种修法述说一遍：当你闭上双眼观察自己的境相时，你会发现没有什么具象之物，于是，境相消失了。自心就是在制造境相的那个自心，因此，“境相即自心”。接下来你会探究自心是什么。在以赤裸觉识观想那个自心后，你找不到自心的任何俱生具象的显现。因此，自心（主体）就会消失，你会感到内在空性的显现。“自心即是空”。安住那个空间后，你就会意识到那个空间。当积云消散时，太阳会自然闪耀。了悟了“空性即明光”后，你会看到阳光弥洒在空性中。此时，我们会意识到，天空与阳光是不可能分开的。在你面前的空间里，你能说这是空性的地方那是阳光的地方吗？不能，你不能把空间与阳光分开。从内心来讲，当你感受空性及那种空性带来的觉识时，你不能说：“哦，这是觉识，这是空性。”它们是非二元的。但在禅修中，为了弄清这一点，你必须要意识到这一点。你对此了解与否都不会影响自心本性本身。但对你而言，了解这一点，你就摆脱了痛苦。不明白这一点，你就会陷入妄念之中。因此，在修“明光即和合”时，要意识到那种非二元的不可分状态。

当人们度假或在阳光普照的晴空下躺在美丽的海滩上时，他们可能会感到相当惬意放松。这是一种好的禅修吗？当然啦，你可能会说这是一种禅修，但它显然不是我们此时正在谈论的那种禅修。因为缺乏对那种空性的意识。躺在海滩上的内心状态或许与慵懒地坐在洒满阳光的橱窗中的一只猫咪的状态更为接近。猫咪看似正在坐禅。它一动不动，悠闲自得，但猫咪并没有特别意识到那种状态。觉识是重要的一部分。“明光即和合”，要意识到那种和合、那种不可分的状态是关键所在。

指导性的“明光即和合”修法

我为一种修法归纳了以下训诫，来帮助你了悟“明光即和合”。

以舒适的姿势坐下。把专注力引向内心。要感到身的静止、口的寂静和意的空寂。要归向静止、寂静和空寂，要感到与它们的联系，同时要全身心投入到你的身体上。为此要花些时间。

此时，要再次把你一直应对的那个境相（自我的那个对象）引入觉识。要把它引向觉识，要通过赤裸的直接观察，要观想得越来越近，直至境相消失，你会感到一片晴空。要在那片晴空安住片刻。“境相即自心”。

在修“自心即是空”时，要向内观想一下谁在观察那个境相（那个客体）。要用直接的赤裸觉识观想那个自心，无须进行繁缛的详述或思悟。要观想得越来越近，直至你感觉不到那个自心。自心消失了，变宽变空、成为清净、开放的“虚无”。你会感受到广阔的无限空间。要在那个空间安住片刻。“自心即是空”。

要靠意识到广阔性带来的觉识防止坠入广阔性带来的感受中。要感受广阔的觉识（自心之明光）。“空性即明光”。这种觉识是清净、充满生机、十分警觉和至关重要的。要意识到无限空间带来的觉识。

当你感受到这种明光、这种觉识和这种警觉性时，要感受到它与广阔性的联系，与无限空性之感受的联系。当你的感受充满活力、生机和闪烁发光时，它依然与广阔的空间、根基、本根、母亲和内在本质有关。它与那种内在本质有关。没有分离，只有和合。那就是我们说“明光即和合”的原因。

要意识到没有分离。要意识到非二元性：空性与觉识的不可分性；澄明与空性的不可分性。要意识到、感受到并了解那种非二元状态。在感受觉识的同时要感受空性。在感受空性的同时要感受觉识。要轻松地安住非二元觉识。

非正规的“明光即和合”修法

你一直非正规地把这种修法用于你的日常经历中，因此，让我们反思一下那意味着什么。我们整天都在谈论控制静止、寂静和空寂带来的空间。这个空间与你本人、你的家庭及其他亲密关系有关，也与职场或更大的群体有关。在这三个地方（自身、亲密关系和更大群体），一直在鼓励你服用静止之药、寂静之药和空寂之药。或许，你始终都很成功。那种成功是什么样子呢？

让我们继续以你与你的老板为例吧。你去上班，怀着与老板相处带来的不安感尽力而为。你保持静止，觉得受到保护。你保持那种空寂，感觉良好。在某个时刻，你会从那个开放之处与你的老板打交道。你觉得你很擅长交流，能应对自如。你会说："哇，这太棒了。现在，我和老板相处感觉相当不错。"你失去了继续专注空性的动力，因为，你感觉还可以。作为修持的业果，你感到了心里敞亮、心胸开阔、清净、舒适，但如果你失去了与本根、母亲和空间的联系，那种感受就会成为自我的另一个对象。对你而言，明光不再和合。你曾拥有它，而后又失去了它。你失去它是因为你贪执它。对失去就不会再拥有的东西而言，"明光即和合"就是一剂良药。

因此，在日常活动中，要意识到空间。要保持空间与功业、感受者与各种感受、本根与外在表相及空性与澄明的联系。保持那种感受非常重要。简单地说，当你处理各种事务时，要继续意识到空间。当你意识到空性并能应对一种境况而没有陷入或迷失在某项活动中，而且还能继续更新和保持空性带来的觉识时，那就是日常生活中的"明光即和合"。

结论：明光即和合

我们会如此深陷自我编造出来的东西和想象中，然而，当我们意识到我们深陷的状态中时，这种状态就会消失。此时，要记住去看一下谁在观想，那个观想者也会消失。那就会变得空无一物。一切都是空的吗？不是，它是明光。我们会意识到觉识带来的感受。我们会深陷自己感受带来的生动性中，因此，我们会说“明光即和合”。对空性的感受与对生动性的感受是不可分的。每次的正悟圆觉都会引领你获致下一次的正悟圆觉，这会照亮那些你可能会偏离的地方，也会指引你的修持回到那种联系之中。

和合即大乐

第八章 和合即大乐

“和合”指的是空性及空性带来的觉识。如前所示，空性是母亲，觉识是儿子（孩子）。空性是母亲，澄明（孩子）是觉识。空性是天空，觉识是阳光，天空与阳光是不可分的。空性与那种空性带来的觉识是不可分的。这并不是说，和合本身即大乐，而是说大乐生成于那种和合，生成于对空性的那种认识。

苦身、苦口和苦意（你自己个性和性格的完整存在）的概念是因不了解真实的内心而引发的。无明[①]就是了解内心的定义，它是痛苦的主要根源。而另一种内心感受则源自空间与对空间了解的和合。那种和合生成一种新的内心感受（一种内心的新感

① 无明，佛教所谓六根本烦恼（无明、贪、嗔、慢、疑、见）之一。泛指“痴”或“无智”，特指不懂佛教道理的世俗认识，即每一个体全部过去的思想观念行动意识的总结。无明是一切烦恼的总根源。——译者

受）。那种新的内心感受具有大乐的深层特质，即无限特质带来的大乐。那就是“和合即大乐”所示的含义。大乐不过是一种感受。慈、悲、喜、舍等特质会从那种和合中、从对本然心的感受中自然显现。如果感受到和合，那么，一切这些特质都会自然显现。在你的人生中，你喜欢示现什么样的感受呢？如果你问一下自我，它会列出长长的一串。自我认为，它太需要保护自身。而在这种和合中，在任何特定时刻或特定地方，你真正需要的东西都会自然显现。

尽管当我们承认并信任空性时，积极、有疗效的特质会自发显现，但我们在禅修时经常会感受到痛苦身份的各个层面。例如，你可能会把专注力引向焦虑或不安。当你这么做时，你就会意识到怒气的出现。如果你停留在觉识中并悦纳怒气时，怒气就会消失。当怒气消失时，你可能会意识到一种潜在的恐惧。如果你把赤裸觉识引向恐惧感并悦纳恐惧，那么，当恐惧消失时，你就会感到一种潜在的悲哀。当你继续把觉识引向那种悲哀并悦纳之时，悲哀就会消失。由于悲哀消失了，你就能归至一种更深邃的静止、寂静和空寂。一旦你身处那个空间并意识到那个空间，就会出现一种温暖的特质。你会发现它，因为，它不再受到痛苦身份的障蔽。那就是那种和合带来的温暖，达瓦坚赞称之为大乐。在和合大乐中，喜乐会自然生成。不仅这种喜乐源自那种和合，信心（大乐信心）也源自那种和合，因为，带有愤怒、恐惧和悲哀的苦身已经消失，随时出现的由此而生的空性就会生成信心带来的大乐。当一个痛苦的经历消失时，一种积极的特质就会显现，只要你能长时间留在那种和合中。那是我们了悟“和合即大乐”的方法。

因此，你以那位名人（你痛苦的表面的根源）开始，以痛苦的对象成为对大乐的了悟结束这段修持。你的痛苦变成了大乐。你以痛苦开始，以大乐告终。当然，你是依照清晰具体的步骤逐步意识到你的痛苦并把赤裸觉识引向痛苦，结果，易变之苦身变成了不变之大乐身。

大乐之感生源于空间与光、空性与觉识的和合。有和合就有大乐。我们在日常生活中无法感到和合的唯一原因是那个空间被苦身、苦口和苦意占有了。

因此，我们感受不到那种联系，也无法意识到那种和合。但当我们遵照达瓦坚赞五大心传训诫进行修持时，我们就能逐渐达至我们内心的一个深层的清净空间。至少在那一刻，我们向苦身、苦口和苦意敞开了心怀。你敞开了心扉，意识到天空与太阳是浑然一体的。你会感到那种不可分状态带来的觉识，你会感到深层的大乐和喜乐，在那里还可感到一种深邃的宁静与平和。

要意识到那种温暖、那种大乐。你有这种感受，因为，你正处在那种和合中，那种不可分的状态中。在那种状态在你的修持中出现时，要充分地感受之。由于你把专注力引向内心并专注了空性，你就能感受到那种大乐遍及全身。有可能感受到那种大乐，但不是靠强求，而要靠意识。当觉识移动时，大乐也会移动。因此，重要的是要感到那种大乐遍及全身，当我们有悲戚的表情时，要感到它出现在脸上。在禅修中，一旦你专注那种和合之感，你就会感到一丝的温暖。当你把觉识引向内心时，你会感到那种温暖遍及全身。如阳光一般，觉识也会扩散，光也会自然扩散，超越身体的局限。这样，你就能轻松自如地传播爱或喜乐，或你感受到的任何一种特质。要感受各种功德带来的大乐，要感受到苦身。要把那种喜乐感引向你认定自己身份的方式上，引向你感觉病痛的各种方式上来。要把大乐引向那里。要意识到在急躁或紧张时你与他人交谈的方式，要感到大乐透过这些制约向外散射。当你有所意识时，你就会听到你的声音从刺耳变得温婉。你内心的痛苦之声会因大乐而改变其特质。同理，大乐之感也能渗入你感受到的自心的习惯性消极和压抑的模式中。不必过于警觉，不必寻找问题，也不必去着手解决令人担心的问题，要有一些更积极、更富成效、更好的想法，它们是自然解决问题的一些想法。同理，你对自己的身体、声音和自心的感受都会发生转变。要意识到这些转变，这会激励和帮助你继续修持。

指导性的“和合即大乐”修法

在读完上面一段后，要照此修持，直到你感到有一种转变并了悟“和合即大乐”为止。此外，我归纳以下训诫，来帮助你了悟“和合即大乐”。

以舒适的姿势坐下。把专注力引向内心。要感受身的静止、口的寂静和意的空寂。要归向静止、寂静和空寂，同时要与它们建立联系并要全身心地投入在你的身体上。为此要花些时间。

无论你在修什么境相，要继续修同一个境相，并把它引向觉识。要赤裸地观察那个境相，无须思悟、评判或解读。要直接观察，要朝境相越走越近，直至它消失进入如天空一样开放的感觉中。要意识到晴空并感受之。“境相即自心”。

此时要看一下：谁在观察那个境相？谁在观想？要向内观想。要观想得越来越近。要直接赤裸地观想，直到正在观想的那个自心消失。你找不到那个自心，你找到的一切是空性，是广阔的空间。要轻松自如地安住那个广阔空间。“自心即是空”。

不要陷入或迷失在广阔性中，要意识到广阔性带来的觉识。那就是“空性即明光”。那种广阔是发光的，因为，觉识就在那里。要意识到那种觉识。“空性即明光”。要意识到这一时刻带来的警觉性、生机、生命力和明光。

不要贪执那种生命力、那种光和那种能量，要意识到它与那种广阔性、那个空间、那种空性的联系，那就是我们所说“明光即和合”的含义。它们是不可分的。要安住那种非二元状态，安住空性与觉识、空性与澄明的不可分状态。要轻松自如地安住于此。

最后一行偈颂是“和合即大乐”。要持续安住在那种和合、那种空性和觉识，要充分地感受无限，感受你周边和内心的这个广阔的无限空间。要感到贯穿一切外在表相和形式的那种深层的静止，要感到贯穿这种觉识的一种深层的寂静，同时要有充分的觉识，警觉，生机活力和精力。要继续安住那个非二元状态，要逐渐在心中产生一种温暖和愉悦的感觉。要感受到这种感觉，要让它显现出来，它就在那里。那种非常自然的深层喜乐感就是内心的喜乐，就是你的身份带来的喜乐，也是了解内心而带来的喜乐。那就是我们称之为“和合即大乐”的原因。要让喜乐显现出来，你会感觉到的。当你感觉到喜乐时，要让它遍及你的内心及身体的其他部位，遍及你的肉、骨、血、皮、脸和眼，甚至是你体内的每一个细胞。

无论在何处，你可能都会觉察到沮丧或悲哀的出现，这种内心大乐会改变并护佑那些地方。要让温暖和喜乐遍及你的全身和自心。无须去做任何事情，只要意识到并感到温暖在全身、情绪和自心的自然流动。

无论身处何地，你都会感到痛苦、都会身患疾病，也会担心染上疾病。要让大乐像纯药物一样在体内移动。要让温暖移动并净除那些内心惑障。这种内心大乐就是一种药。你无须费心尽力，只是让大乐显现并感受之。在你的内心会自然出现大乐之感。

非正规的"和合即大乐"修法

在进行非正规的"和合即大乐"修法时，重要的是要理解达瓦坚赞五行偈颂是相互关联的。因此，整个一天，当你控制保持住与你内心的静止、寂静和空寂的一种联系时，如果你足够敏感并能感到其中的一种细微觉识的话，就会有众多机会让你感受大乐。

当苦身、苦口和苦意消失时，会剩下什么呢？要把专注力引向内心并去观想：有喜乐在，有大乐在。当你闭上双眼时，如果出现许多令人烦忧的情绪和想法的话，那就不会有大乐。你会感到内外之苦。但由于你更了解这个修法，因此，当你走进内心并把觉识引向那个空间时，联系带来的温暖就会在那里。在静止中，当你把专注力引向内心时，温暖就会在那里。要敞开心扉去感受那种温暖。当内心积云消散时，内心的阳光就会出现。

一整天都要感到那种温暖，特别是当你没有太多的移动、交谈或思考时。要利用平常的这些时刻。当乘坐公共汽车、等候登机或在邮局排队时，要把你的专注力引向内心，尽量通过静止、寂静和空寂来专注并感受觉识带来的内在温暖。在一天当中，要尽可能地经常地了解这种温暖。如我建议的那样，要不断重温自己的承诺，用以服用三片药为比喻。在每晚睡觉前，要回顾一天，看看你是否记得这么去做。

一旦你承认、专注并感受到那种温暖，就要尽量将其表达出来。或许，在与某人在交谈时，你意识到你被他惹怒了。此时出现的这种情况并不可怕，但情况可能会变得更糟。一旦你意识到那种愠怒之感，就要把你的专注力引向内心，要感到静止、听到寂静或承认空寂。要专注随时出现的那种温馨，并让那种温馨体现在你的声音里。源自内心之源的那些话语不仅会更加温婉、更富有创造力，而且你会明白，投射在他人身上的温馨也会折射在自己身上。

要一遍遍地记住把觉识引向内皈依处所，并直接专注空性带来的觉识（和合之处），直至觉识渗入你的一切感受中。要积极尝试着每天这么做五遍，特别是在遇到挑战或感到恼怒时。在这些时刻，特别要专注和合之处，并在你的话语或行动中表达温馨，或只是悦纳温馨的想法和情感。以这种方法做出承诺和每日重温那个承诺是会有帮助的，它也会对你的修持次第有所帮助。

结论：和合即大乐

此处得出的结论与前四行偈颂训诫所得结论相同，因为，修持的每个部分都与其他部分相关。如果你不承认“境相即自心”，不能按部就班地进行修持，你不会感受大乐。无论你应对的是何种关系或境况，要尽量继续从“境相即自心”到“和合即大乐”的修持，直到把那种痛苦想法、功业或内心的状态变成温暖为止。

如果你还没有感到从痛苦到大乐的内心转化，就不要把修持重点改换成不同的内容。重要的是要清晰地感受到从苦到乐。总之，这种修持关乎你与自己感受的关系。你能把额外的各种话题引入你的修持，但要继续悦纳你最初选定的话题，这样，你就能感到那种痛苦消失进入大乐之中。这就是修持的目的。一旦你感到大乐，重要的是不要贪执大乐，要赞赏那种转变。只要你能以赤裸觉识直接观想自己的感受，以温暖悦纳自己的感受并信任开放的觉识，你就能转化你所有的痛苦感觉。

本然心之宝库

第九章　本然心之宝库

通过发现并安住内皈依处所及修达瓦坚赞的五行偈颂，你已被领进了自己本然心的宝库。你如何才能离这个宝库住得更近一些呢？在一天里，你要一遍遍地归向内皈依处所。当你看到内心的空性时，你就会找到空性、觉识和温暖带来的各种礼物。这种皈依就是对你的帮助。当你归向内皈依处所时，你就与人生中的神贤重建了联系。不要受到想象中的自我贫困无休止的驱使，你会发现，你的天生的内心是最宝贵、最有价值的。当你意识到内心的无限空性时，一切都会随之而来，相互关联。当你感到那种相互关联性时，你的每次呼吸都是具有治疗效果的呼吸。每次吸气都具有疗治和滋育作用。每次吸气都会自然地消除费尽心力积累的东西，就像一条河流入一片浩瀚的海洋。你的每次呼气都是对深层觉识的净化。

当你安住开放的觉识时，空性与觉识的和合就会生成无限的慈、悲、喜、舍。这些特质的生成被称作动态能量。此时，在你心中可能感到一种喜乐。你在自己的身体和呼吸上休息，并专注在你的自心带来的空性。一切都会对你有所帮助。如果你表达出爱，爱就在那里。如果表达出慈悲，慈悲就在那里。如果你让自己感受到舍，舍就在那里。当你敞开心扉时，你就是清净的。因此，你能让存于内心的东西表现出来，也能看到它们。所有这些圆觉特质在内心都是本初完满的。当无障无碍时，你就能够感受到它。当你意识到一个具体特质时，你就会得到滋养。当你安住空性与觉识的不可分状态、安住母与子的不可分的状态时，你就得到了滋养。

大圆满教法教导我们，安住自心本性足以获致精神圆满。因此，不必像其他宗教那样过于强调修慈悲心。其理念是，当我们安住自心本性时，慈悲心就会自然而发。对那些把大量时间花在进行修持以安住觉识的人而言，这个教法合情合理。但对我们这些终日忙碌无暇坐禅修持的人又该怎么办呢？对大部分的凡夫俗子而言，他们的想法和情绪是日常生活中的很大一部分，因此，重要的是要更好地意识到我们能在其中发现内心的各种境况。例如，如果你把自己的人生视为折磨你的东西，那么，你可能会发现让你更快衰老的很多事情、让你罹患疾病的各种行为或可能影响你人际关系的惯性模式。你身上出现的这些压力模式越多，你就越会变得自律，充满了判断力。

或许，你没有意识到感到如此精疲力竭的原因。当我第一次得到一个“智能手机”时，我不明白为什么电池使用时间如此之短。后来，有人告诉我，有多种办法可以延长电池的使用寿命。特别是我没有意识到，我的手机里有许多不必要的设置。这些不必要的设置缩短了电池的寿命。如果我能分辨出这些设置并将其关闭的话，我的电池寿命就会延长。同理，有许多你完全没有意识到的模式，而你似乎从来没有让它们休息一会儿。可能会是一种终日陪伴左右的普遍的焦虑感。有一个设置在工作，但你没有意识到它。在一天结束时，你会感到精疲力竭。当然，如果你安住自心本性，当你修持时，那些带有希望和恐惧的模式就不会在那里。但那意味着，你必须长时间地安住以消除这些模式。当你停止修持继续你的人生时，这些模式可能会返回。因此，在你的人生过程中，有必要引入更多的觉识并更深刻地探究你个人模式的各种细节。

大部分人都会同意，他们不愿意为生活所累，他们都愿意找到养生之道。在禅修时，当你专注无限空间、母亲和内心之源时，就好比拔除了耗尽你气力的东西一样。而在你没有进行禅修时，当你通过把觉识引向静止、寂静或空寂来专注无限空间时，你也能随时拔除它们。而后，你获得自由。只要你能保持专注，你就能摆脱各种耗尽气力的模式。因此，首先是要拔除耗尽气力的那些东西。

当你意识到无限空间时，你会发现在你的面前出现更多的能量。当母子和合（即你的觉识与专注建立联系）时，当你在那种开放的空性中有宾至如归的感觉时，你就会自然地感受到滋养你的一些特质。当然，不管承认与否，特质都在那里，但能意识到它的出现是会有帮助的。我并不是鼓励你去“想出”一种特质或编造出什么东西，而是要你“意识”到一种特质。你自言自语地说：“我不该感觉那么糟。我应该感觉良好。因此，我该有一些高兴的想法。”只是想到一种滋养特质的例子。无论你有善念还是恶念，它们都同样障蔽了空性。如果必须二者选一的话，善念令人更感愉悦，但就专注内心开放空间而言，善念与恶念都是惑障。很多心理训练都要激发善念，而大圆满教法并不鼓励这类修持。常言道，是一块石头还是一块黄金击中头部，结果都是疼痛。在这个教法中，不要求你改变自己的想法。你只需知道那是什么。无须尽力用各种想法“编造你自己的现实”，但要意识到业已存在的喜乐现实。由于你意识到喜乐，因此，那一刻就是个奇迹。

如果你把喜乐或仁爱带来的觉识引向痛苦身份，你视为痛苦的大部分东西就会被消除。痛苦消失了。我们视为痛苦的大部分东西在很大程度上取决于我们对它的感知。自心也会影响我们可能视为是身体规律的那些东西。当你通过感受静止、寂静和空寂专注无限空间时，当你感到功德随时出现时，你就能一点儿也不纠结地悦纳自己的痛苦。以这种方式充分悦纳痛苦就能使你摆脱产生痛苦的各种境况。

在觉识出现的时刻，每次呼气和吸气都是在进行疗治。当你把你的觉识引入呼出吸入的单一节奏时，你就能感到一种深层的释放和开放。

根据教法的说法，当我们安住自心本性时，我们苦身的各种微妙的潜在结构会自我消尽。我们不是在滋养它们。因此，当出现各种想法和情绪时，它们就会自然地消失进入自心带来的空性之中。当它们消失时，它们就不会再有力量促使我们的行为。这种消尽或释放能够影响我们基因和细胞中的编码模式吗？轮回是与空性（内心之源）失去联系的结果。当你不承认空性时，你就与内心失去了联系，这会导致身体疾病和精神痛苦。根据传统藏医学[①]的说法，无明（不承认内心之源）是一切疾患的根源。当母（空性）与子（觉识）和合时，引起疾病

① 藏医，藏族医药学的简称。以藏族为主创造发展起来的传统医学，是中国传统医学的重要组成部分。藏医药学将人体生理、病理概括为“龙”“赤巴”和“培根”。“龙”（kLung）直译为“风”或“气”。赤巴（mKhris-pa），在汉语中相当于人体内的“胆”或“火”。培根（藏文：Bad-kan）是人体三大要素之一。藏医诊断主要有“问诊、尿诊、脉诊（切脉）、色诊或望诊”。区分疾病为寒症与热症两大类。治疗有催吐、攻泄、利水、清热等法。除内服药物外，还有针灸、拔罐、放血、灌肠、导尿、冷热敷药物、酥油烫、药浴等法。——译者

的各种原因就不存在了。藏族的一种传统说法认为，你越把空性视为母亲或根源，苦身模式的动量就越会受到阻断或削弱。当压力以这种方式减低时，那种压力带来的消极后果（你对外部困难的失衡反应）也会降低。痴愚、疏离、不健康的自心会造成痛苦。当你意识到这一点时，它就会改变你痛苦的势头和轨迹。困惑会在源头消失。

相信这个过程可能会鼓励你一遍遍地归向内皈依处所。那种信任也能在艰难时刻给予你安慰和保护。然而，信任或相信教法所言是远远不够的。对我们每个人而言，重要的是要根据经验领悟教法的真谛。要把你的人生中的药物直接用到你感受的痛苦上。你会看到证明的。要敞开心扉加以信任，但也要服用药物。

要想象着走进一间优雅舒适的餐厅，在看菜单。你认为独自一人看菜单就能享受一顿养生大餐吗？当然，这听起来荒谬可笑。但事实上，这是我们在西方文化中常做的事情：我们读了许多东西，自认为读懂了所读之物，因为，我们从字面上读懂了它们，我们读完就算了事，然后去找下一个“编出来的故事”，以使我们继续修法之道。但这不会帮助我们摆脱痛苦和无明。如果我们没有通过达至静止、寂静和空寂进行修持的话，我们不过就像那个看了菜单却无缘享用之人一样。我鼓励你能观想得更深刻一些。要找到你自己不安的界点，要全身心地投入，要敞开心扉，要有所意识。要在开放的觉识中充分悦纳自己的感受。不要因思索和解读而失去与内心的联系。要全身心地投入，要温暖地投入。在你人生的每一时刻都要生机勃勃、保持清醒。你会得到超出自我想象的回报。

禅修不是被动地打坐观察着匆匆流逝的人生。与此相反，禅修是一个主动的内心转化的过程。一些人可能会认为，禅修是在浪费你的时间。他们会劝你去看场电影或度假而不要进行禅修。禅修看似坐在那里无所事事。但他人不会明白，你在付出多大的努力与你不健康的模式断开并通过打坐和与内心之源重建联系来为自己的电池充电。请坐下来，要意识到你在改变自己的人生。停下来并与你内心的皈依重建联系，哪怕只是一会儿，你都是在改变自己的人生。你忽略或认为什么都不是的东西会成为可以想象的一座最深层的宝库，或许，就像我在西藏偶遇那位老僧一样，你也会意识到，你已拥有余生进行禅修所需的一切。在进行这样的禅修时，你会发现出现在你面前的各种礼物，要与你一生中遇到的无数众生一起分享它们。

后　记

《藏式禅修疗法》是三册一套系列丛书的终结篇。这套丛书详尽地阐述了一些修持训诫和修法，对开启身、口、意三门并发现本然心之宝库十分有用。我认为这些简单易行的修法对帮助我本人和弟子的内心转化和获致圆觉正悟极为重要。这些修持法包括：九大净息法（Nine Breathings of Pacification）和脉风（Tsa Lung）［见《藏式身心疗法》（*Awakening the Sacred Body*）］；五大金刚种子符咒（Five Warriors Syllables）［见《藏式声音疗法》（*Tibetan Sound Healing*）］及本书详述的安住内皈依处所法和达瓦坚赞的五部教法。通过习得和运用这些修法，许多人通过身、口、意三门感受到痛苦就可被视为各种机会，以发现我们更深层的俱生智慧并与之建立起联系。只有这么做，深层的疗治和内心转化才有可能。我有幸曾习得这些教法，它们清晰地阐明了我们的痛苦是如何变成解脱之道的。我每天都会牢记这些教法。我愿把它们作为我的礼物赠予你们。愿这些教法能改变你们的人生，就像曾改变我的人生一样。愿我们的一切努力能带给我们这个世界最需要的圆满表现和行为！

附　录

内皈依

身

自身佛陀坛城中，
功德圆满生起地，
三脉五轮之身界，
皈依空性之报身。

口

一切苦难如云积，
智慧风便驱散之，
原本清净虚空界，
皈依光明之报身。

意

智慧五光幕室中，

不二明点光芒照，

无明黑暗破除尽，

皈依大乐之报身。

献　词

我愿把修三门所获纯净善行，

敬献给三界芸芸众生之福祉，

净化三毒所致一切苦难和惑障后，

愿我们能迅速获致圆满三身佛性。※

※　此书（*Awakening the Luminous Mind*），根据内容译为《藏式禅修疗法》。

鸣　谢

感谢我的上师雍增·桑吉丹增（g·Yung-vdzin Sangs-rgyas-bstan-vdzin 或 Yongdzin Sangye Tenzin）仁波切的无比慷慨和仁慈使我习得了大圆满教法（苯教教法的最高乘）。在我十来岁时，他收我为弟子。他一直向我传授象雄耳传的核心教法。这些教法的精髓尽在本书中。尽管上师已经圆寂，但他的护佑和激励将会继续伴我一生。

我要感谢曼日寺[①]洛本[②]赤列尼玛（vPhrin-las-nyi-ma 或 Trinley Nyima）。他热忱地帮助我查阅资料并探讨了本书中与大圆满教法相关的各种论点。

我希望对遍及世界各地的弟子表示感谢。他们

① 曼日寺（sMan-ri Monastery），历史上建于后藏的座所著名的苯教寺庙。——译者

② 洛本（sLob-dpon），传授知识的人，亦称“老师”“师长”或“师父”。——译者

都是我心中的挚爱。我特别敬重那些一直忠心耿耿、坚定不移地遵奉我教法的人。长期以来，他们克服了修法之道上的重重挑战和阻障。他们继续是我修法之旅上的一面镜子。我们一起成长。没有镜子，你就不会看清自己的真容。没有脆弱，你就不会承认自己的力量。没有需求，你就不会心生慈悲。他们与我一道分享他们的内心世界，他们已让我逐渐成熟为一名上师。

这是我的弟子马西·沃恩（Marcy Vaughn）女士编撰的第三部书。这部特别精致的书籍是我们合作共事过程中关系不断发展的产物。她以一种极为简单、温暖、可行的方式帮我阐述这些复杂深奥之教法的深邃智慧。我非常感激她的帮助。我把这三部书视为这一项目的重要部分，以把苯教身、口、意的修法介绍给更多受众。修三门的培训计划是一个项目，旨在把这些修法传给一切有准备的人。我愿意对卡伦·巴斯奎因（Kallon Basquin）表达谢意。作为这个新兴项目的负责人，他在过去的几年中不辞劳苦。如果没有他，这一切都是不可能的。我感谢他对项目之愿景及对我个人做出的奉献。

我要感谢帕特里夏·吉弗（Patricia Gift）女士，她是海豪斯出版社我的书籍的责任编辑。我感谢她对目前这个项目的热情。她的关注和建议也使该项目日臻成熟。

苏·大卫－戴尔是李迷夏研究院[①]的执行主任。她在美国和世界许多地区承担重任，这为我拓展工作、弘传教法开辟了空间。尽管她的支持没有直接成为本书的一部分，但她的帮助和支持给了我在世界各地弘传教法必不可少的自由。

我的夫人堪卓·次仁旺姆（Khandro Tsering Wangmo）在我生活和工作的各个阶段始终表现出大度和耐心。我深深感谢她的支持。我的儿子僧和助我成长并培养了一颗温暖的心。他不断给我机会以锻炼通过静止、寂静和空寂来保持那种温暖的能力！

① 李迷夏研究院（Ligmincha Institute），以象雄王名字命名的一所国际研究院，其总部位于塞雷尼梯山（Mt. Serenity）。——译者

关于作者

丹增旺杰仁波切是一位广受赞誉的作者，也是弟子遍及世界各地的一位上师。他因深广的智慧、弘传佛法的独特形式，以及使古老的西藏教法清晰明了、易于接受并贴近西方人生活的能力而备受尊崇。丹增旺杰是李迷夏研究院的创始人和精神导师。李迷夏研究院是位于弗吉尼亚什普曼（Shipman）的一个非营利机构，专门从事对西藏和象雄（与苯教有关的古代王国）的古代教法、艺术、科学、语言和文学的保护工作。他曾撰写了《西藏身、语、意瑜伽》（*Tibetan of Yogas of Body, Speech and Mind*）、《藏式身心疗法》《藏式声音疗法》《西藏的睡梦瑜伽》（*The Tibetan Yogas of Dream and Sleep*）、《色、能量和光疗法》（*Healing with Form, Energy and Light*）、《本然心之奇观》（*Wonders of the Natural Mind*）及《无限完整性》[*Unbounded Wholeness*，与安妮·科林（Anne

Klein）合作]。丹增旺杰与妻儿居住在加利福尼亚。

丹增旺杰创建了一所世俗的教育机构，称作三门[①]。旨在通过专题研讨会和静修中心对本书所述教法进行指导。人们希望这些既简单又深奥的修法能够走进监狱、医院、会议室、智库、课堂和职场，希望它们能突破文化和信仰的屏障以帮助那些获益于有效药物的众生。

① 三门，身、语、意的内心转化（Three Doors：The Transformation of Body，Speech and Mind）。——译者

图书在版编目（CIP）数据

藏式禅修疗法 / 丹增旺杰著；向红笳译. -- 北京：中国藏学出版社，2024. 7. -- ISBN 978-7-5211-0536-0

I. B946.5-49

中国国家版本馆 CIP 数据核字第 2024YZ5898 号

藏式禅修疗法

丹增旺杰 著　向红笳 译

责任编辑　杜冰梅
封面设计　翟跃飞
出版发行　中国藏学出版社
印　　刷　北京隆昌伟业印刷有限公司
开　　本　880 毫米 ×1230 毫米　1/32
印　　张　6.5
字　　数　89 千字
版　　次　2024 年 7 月第 1 版
印　　次　2024 年 7 月北京第 1 次印刷
印　　数　5000 册
书　　号　ISBN 978-7-5211-0536-0
定　　价　39.00 元

图书如有印装质量问题　请与本社发行部联系
E-mail: dfhw64892902@126.com　电话: 010-64892902